長時間労働体質の払拭など
働き方を変えるために

週④正社員のススメ

安中 繁 著

経営書院

はじめに

　働いているすべての人は、仕事を通じて幸せを味わっているでしょうか？「非正規社員」として働いている人はどうでしょう。幸せな人もいればそうでない人もいるでしょう。正社員になれなかったので泣く泣く非正規社員として働いている人は働く喜びを味わう機会を逃しているかもしれません。

　では、「正社員」として働いている人はどうでしょう。幸せな人もいるし、そうでない人もいるでしょう。仕事で一定の成果をあげるためにどうしても残業が長くなり、その分人生の大切な何かを両手からこぼしてしまっていると感じている人は幸せを味わえていないかもしれません。幸せかどうかの指標は人それぞれ違うものでしょう。正社員か非正規社員かによって決まるものではないでしょう。収入かもしれないし、働きがいかもしれないし、自己の成長かもしれないし、社会参加かもしれません。指標が違う難しい問題に立ち向かい、人が働く職場の最前線でだれもが幸せに働き続けることができる仕組みを考えるのが著者の仕事です。そのひとつのアイデアとして、週4日で正社員として勤務する「週4正社員」制度を提案しています。

　長時間労働の是正は、わが国における重大な政策テーマと位置づけられるようになりました。しかし、企業の現場では、正社員の長時間労働体質を打破することに困難を感じている

ように思います。長年培われてきた固定概念が邪魔しているようです。企業アンケートでは今後多様な正社員の区分を増やしたいと考えている企業は約1割にとどまり、現状維持を志向する企業が多いことがうかがえます（「多様な形態による正社員」に関する研究会（座長：佐藤博樹東京大学大学院情報学環教授）報告、2012年3月28日より）。しかし現場では、長時間労働の末に過労自殺してしまったという痛ましい事件も新聞報道等で大きく取り上げられており、現状打破しなければならないという危機感は募っています。

　本書を手にとっていただいた企業経営者、人事労務担当者、社会保険労務士をはじめとする読者の皆さまが、多様な正社員の働き方、とりわけ短時間正社員の制度を新たに設けることに意欲をもっていただければ幸いです。そのために本書では、多様な正社員の制度を導入した企業の先行事例を解説するとともに、導入プロセスと導入に際して出てくる課題への対応、就業規則の規定例等を具体的に解説しています。

　すべての働く人たちが、働く喜びや働きがいを十分に味わいつつ、家庭や地域社会への参加もかなう社会ができればこの上ない喜びです。

特定社会保険労務士
安中　繁

目　次

はじめに

第1章　なぜ「週4正社員」か？…1
　1　週4日で正社員！？…2
　2　「週4正社員」制度の2つの特長…3
　3　「週4正社員」制度が有効であり必要なワケ…7
　4　なんとなく正社員と同じ仕事はNG…11
　5　非正規社員を社員に引き上げ、正社員の負担を緩和する…12
　6　週5＋αだけが正社員ではない～多様な正社員の多様な形態～…13

第2章　社会を取り巻く環境の変化…20
　1　メンバーシップ型雇用…20
　2　法施策も「多様な正社員」の普及へ…22
　3　多様な正社員を制度化するにあたっての障壁…29

第3章　導入事例　先行企業の取組み…38
　1　C社の事例…38
　2　D社の事例…42
　3　E社の事例…50

4　F社の事例…54

5　G社の事例…56

6　H社の事例…59

7　I社の事例…62

8　J社の事例…64

9　「制度」化しておくことの重要さ…66

第4章　導入事例　導入までの詳細事例…72

1　スタートアップ…72

2　「なんのために」（目的）が重要…73

3　社内での意識合わせ…75

4　新たなワークルール策定のプロセス…76

5　ぶつかった障壁…79

6　新制度完成…82

7　社内告知と募集・運用開始…84

第5章　わが社で導入するには【制度設計その1】…89

1　制度設計担当者と責任者の任命…89

2　経営理念・ビジョンの確立・明確化…91

3　コンセプト設定…93

4　社員のニーズ調査…95

5　従来の正社員のワークルールを整理する…98

6　導入可能な制度（労働時間の大枠）の設計…102

7　細則の決定…106
　8　賃金設計上の留意点…111

第6章　わが社で導入するには その2【募集から開始まで】…114
　1　制度策定にあたって求められる基本的視点…114
　2　就業規則の策定…115
　3　社内周知・募集・選考・適用開始…120
　4　社外への広報…122
　5　制度導入後のフォロー（情報共有のアイデア）…123
　6　制度導入後のフォロー（マネジメント）…130

第7章　空いた時間をどう使う？パラレルキャリア解禁へ…135
　1　週休3日で得られるもの…135
　2　そもそも副業・兼業は法的に可能か？…138
　3　副業・兼業制度の整備…141
　4　副業・兼業の積極的推進へ…144
　5　副業・兼業「解禁」宣言（制度化）のススメ…148
　6　社会保障制度改正への適応…151

第8章　これからの展望…155
　1　変革する労働市場…155

2　法改正が与えるインパクト…156
3　労働生産性が上がらないのはなぜか？…164
4　「非正規雇用→多様な正社員←正社員」のシェアは？…167
5　はじめの一歩を踏み出そう…169
6　給与は高いほうがいい…172
7　さいごに…175

参考資料1　「週4正社員」転換（登用）申請書…176
参考資料2　副業・兼業許可申請書…177
参考資料3　同一労働同一賃金ガイドライン案と著者コメント…178

第1章

なぜ「週4正社員」か？

　正社員の新しい働き方に注目が集まっています。人口減少局面にある日本では、労働力を維持させることを考えなければなりません。そのために「一億総活躍社会」を作ることが政策テーマとされ、労働分野では、非正規雇用者を正社員に登用し、すべての働く人が活躍できるチャンスを拡げ、同時に超長時間労働などの問題を抱えている正社員の働き方を正常化して健康的に活躍し続けられる環境にしていく必要があります。

　この2つの課題の解決策、正社員の働き方改革のアイデアの1つとして、週4日で勤務する「週4正社員」の制度導入が効果的です。

　第1章では、なぜ「週4正社員」が有効なのかについて考察します。

1　週4日で正社員⁉

　2015年10月、アパレルメーカー大手のA社が、転勤のない地域正社員約1万人を対象に週休3日制（週4日勤務）を導入すると発表しました「正社員なのに週休3日ってあり？どんな仕組み？」と驚いた方も少なくないと思います。著者は、このニュースが発表されるずっと前から週休3日制で働く「週4正社員」制度を推進してきたので、この時期には新聞、雑誌などから取材や問合せが数多く入りました。社会的に影響力のある企業の社内制度改革のニュースインパクトの強さを実感したものです。

　「週4正社員」というのは、政府が推進している働き方改革の1つである「多様な正社員」※の一類型にすぎません。しかし、A社の事例が語るように、「多様な正社員」というよりも、「週4正社員」という呼称を用いたほうがより具体的でイメージしやすいようです。それが社会的に大きなインパクトを与えた要因となったのではないでしょうか。その後、2016年9月には、インターネット関連事業大手のB社も週休3日制の導入を発表するなど、「週4正社員」は、にわかに脚光を浴びる新たなワークルールと位置づけられた感があります。

　では、「週4正社員」とは、具体的にどんな働き方をいう

のでしょうか。著者がいう「週4正社員」の鍵は、次の3つです。

①週所定労働時間数が通常の正社員より短いこと
②1週間に休日が3日あること（週休3日制）
③給与水準はフルタイム正社員と原則同等であること（時間差分のみ減額）

A社の制度は上記②③には該当しますが、上記①は通常の正社員と同じ時間数としていますので著者がいう「週4正社員」の定義にはあてはまりません。このように一口に「週4正社員」といっても、企業ごとに定義づけはさまざまなのです。そのため、「週4正社員」を制度化するとき、「こうしなければならない」という制限はなく、それぞれの職場の実態・課題・目的に合わせたワークルールをデザインすることができます。

※多様な正社員のほか、限定正社員、制約正社員、ジョブ型正社員等さまざまな呼称がありますが、本書では「多様な正社員」と呼ぶことにします。

2　「週4正社員」制度の2つの特長

　著者は、人事労務管理分野、とくに労働社会保険諸法令の見地から企業経営者・人事労務担当者に助言することを主たる業務とする社会保険労務士法人を経営しています。顧問社

労士の立場から顧問先企業へは働き方改革の必要性をくどいほどに語り、「週4正社員」制度の導入を積極的に呼びかけています。弊社自体は職員数20名あまりの小さな組織ですが、勤務する正社員の週所定労働日数は4日であり、1日の所定労働時間は7時間の「週4正社員」しかいません。正社員といっても、週所定労働時間数は28時間ですから、いわゆる世間一般の正社員と比較するとかなりの短時間勤務です。

このワークルールに取り組み始めたのは6年前のことで、以来、「週4正社員」という制度が弊社を特徴づける人事制度となっています。弊社が取り組む「週4正社員」の効用として、「ワーク・ライフ・バランスが確保できる」「採用に有利である」「定着率が高い（長く働き続けられる）」「チームワークの醸成」「生産性アップ」等多くのことがあげられますが、主な特長を次の2点にしぼって紹介します。

⑴　時間的に何らかの制約を抱えている人でも持続可能な働き方であること

日本では、「正社員」というと、週5日のいわゆるフルタイム勤務ができて、会社の命に従い残業もいとわず、土日の休日出勤も受け入れ、転勤にも異を唱えず……というように、無定量に会社に忠誠を誓い、100％会社人として働く人あるいは働ける人をイメージするのではないかと思います。しかし、たとえば、このような働き方を維持したまま子育て

第1章　なぜ「週4正社員」か？

期にある女性が正社員で勤務し続けることが可能かと考えたとき、これはかなりの困難を伴うことのように思えます。核家族化が進み子育てを分担してくれる祖父母などが同居していないならなおさらのこと。そうすると、「働き続けられる職場環境」でなければ、女性は長く働き続けることができません。女性だけでなく、障害者、高齢者、持病を抱えている人などにとっても、会社に完全に身を捧げなければならないとしたら、正社員という働き方を選択することに躊躇せざるを得ないのではないでしょうか。

　これに対して著者が推奨する「週4正社員」制度では、休日が週1日多いので、家庭等会社以外の所属するコミュニティでの役割を担いつつ仕事もすることができるため、働き続けやすい環境です。また、子どもの発熱など何らかの事情で急に休まなければならない状況になったときにも、休日の振替により欠勤扱いにならずに済みます。所定休日（多くは土日）以外にもう1日休日があるワークルールであるため、「替えがきく」のです。急な欠勤は、とかく後ろめたさを伴うものです。しかし、「週4正社員」のいる職場では、必ず休みの人が一定数いて、それでも業務が回るようにすでに職場環境が作られているため、気兼ねなく休めるのです。これは、定着率を高める大きな一因となります。

⑵　働く喜びを味わえること

　「労働の社会性」という言葉があります。労働とは単に賃金を得るための活動ではなく、労働そのものをとおして人は生きる喜びを味わい、人との結びつきを得ていくものだという考えです。「なぜ働くの？」と問われたとき、単に賃金を得るために働くのだと考える人よりも、「自分が働くことでだれかの役に立つことができている」、「社会に貢献している」といった社会的意義を感じている人のほうが人生は豊かになります。「石切り職人」のエピソードが有名です。ある職人は「なぜ働くの？」の問いに「賃金を得るためだ」と答え、別の職人は「村のみんなが祈りをささげる教会を作っているのさ」と答える、という話です。どちらがより豊かな人生であるかは想像に難くありません。

　すると、補助的・単純作業的な仕事に携わる非正規社員よりも、より責任が重い仕事が与えられている正社員のほうが、より大きな働く喜びを味わうことができると考えることができます。

　「大きな責任を負うことを人は嫌うものではないか？」と、かつての著者は思っていました。ところがそうではないことを自社の社員に教えられました。「正社員として責任のある仕事をするためにやり遂げようと努力を惜しんでいません。もしパートだったらここまでがんばりませんよ」と。

与えられた地位により、働く人自身の意識は高まります。すると、非正規社員をキャリアアップさせて正社員に登用すると、本人の仕事に対する意識（責任感だとか、積極性、協調性等）は高まっていくかもしれません。これは、会社全体の生産性の向上に大きく寄与する起爆剤になるはずです。ただ、正社員への登用のハードルが高すぎるとキャリアップの覚悟を決めることができない環境にある人たちは、正社員になることを選択できないのです。「週4正社員」は、ちょうどよいハードルだと思います。

3 「週4正社員」制度が有効であり必要なワケ

いわゆる正社員と非正規社員の特徴を洗い出してみると、それぞれの雇用形態は二極化が進んでおり、バランスに欠けているといわざるをえません（図表1）。二者択一では、正社員を選択できない人たちの能力が十分にいかされず、活躍のチャンスがいかされません。二極化した雇用形態の間に位置するような「新しい働き方＝多様な正社員」のワークルールが求められています。

パート、アルバイト、契約社員等の非正規社員は、企業の基幹的業務ではなく補助的業務に就くために採用されることが通常です。雇用期間に定めが設けられていることも多く、業務の繁閑に合わせて雇止めされるなど、雇用が安定してい

図表1　従来型正社員と非正規社員の特徴まとめ

正社員	非正規
企業の基軸	経営環境の変化に対応した調整弁
・安定的に働ける ・職業能力開発の機会に恵まれている ・生涯賃金は相対的に高い	・雇止めリスクを抱えている ・能力開発の機会は乏しい ・昇給しづらく相対的に低賃金
・転勤・配属替えは企業の意思による ・長時間労働である	・転勤はない・配属替えも原則ない ・残業を命じられることは少ない

資料出所：著者作成

ません。同一企業で長く働くことが想定されていないため十分な教育訓練がなされず、また、責任ある仕事を任されないこととも相まってスキルアップのチャンスが限られています。その結果、昇給チャンスも乏しく、生涯賃金が正社員と比較して低いことも社会問題ともなっています。「非正規だから結婚できない」「非正規だから2人目の子どもは生めない」と感じている人も少なくないそうですから。

　高度経済成長期以降、企業人事方針は、正社員を主軸として、非正規社員を雇用の調整弁として活用していく考え方がとられてきました。経営環境の変化に応じて人件費や労働力

第1章　なぜ「週4正社員」か？

を調整するために非正規社員を有期雇用するという方針です。しかし、わが国の非正規社員の数は1984年の15％から増加の一途をたどり、2015年には正社員3,307万人に対し非正規社員2,015万人と実に37.9％もの割合の人が非正規社員として雇用されるに至りました（総務省「労働力調査」）。いまや、非正規はマイノリティとはいえない状況なのです。そのため、企業側の都合によって調整弁として使うという考えは改めなければ、幸せを感じながら働く人が減ってしまうことになりかねません。

　総務省の「労働力調査」によれば、非正規社員を選択した理由は**図表2**のような結果となっています。「正社員の仕事がないから」という消極的な理由から非正規を泣く泣く選んでいるという人を著者は「不本意非正規」と呼んでいますが、彼らが日々仕事にやりがいを感じられているか著者はとても心配です。また「自分の都合のよい時間に働きたいから」という理由で非正規を選択している人のなかには、（本当は正社員で働きたいのだけれど）育児・介護・就学・自身の疾病・年齢等による何らかの制約を抱えているから正社員は土台無理だと割り切った人が少なからず含まれているでしょう。非正規を選択した人の一部からは「会社に自分の時間のすべてを捧げなければならない働き方なんて私には無理だし、そんな働き方なんてナンセンスだわ。だったら、非正規社員で働くほうがマシ」という声も聞こえてきそうです。

このような「不本意非正規」を払拭するために、「週4正社員」制度が解決のヒントになります。

図表2　現職の雇用形態についた主な理由別非正規の職員・従業員の内訳および推移（2015年10〜12月期平均）

(万人、％)

	男女計			男			女		
	実数	対前年同期増減	割合	実数	対前年同期増減	割合	実数	対前年同期増減	割合
非正規の職員・従業員	2,015	12	—	641	−1	—	1,374	13	—
自分の都合のよい時間に働きたいから	494	9	26.0	141	4	23.9	353	4	26.9
家計の補助・学費等を得たいから	405	5	21.3	77	6	13.0	328	−1	25.0
家事・育児・介護等と両立しやすいから	240	24	12.6	5	−3	0.8	234	26	17.8
通勤時間が短いから	77	6	4.0	21	4	3.6	56	2	4.3
専門的な技能等をいかせるから	147	−9	7.7	70	−7	11.8	77	−2	5.9
正規の職員・従業員の仕事がないから	302	−36	15.9	154	−9	26.1	148	−28	11.3
その他	238	25	12.5	123	6	20.8	115	18	8.8

注）1．非正規の職員・従業員には、「現職の雇用形態についた主な理由不詳」を含む。
　　2．割合は、現職の雇用形態についた主な理由別内訳の合計に占める割合を示す。
資料出所：総務省「労働力調査」

第1章　なぜ「週4正社員」か？

4　なんとなく正社員と同じ仕事はNG

　さて、ここからは労働関連法規の状況をみてみます。2015年4月改正のパートタイム労働法では、通常の労働者と同視すべきパートタイム労働者について、正社員と比較して差別的な取扱いをすることを禁止しました（法9条）。これを受けて、従来は正社員と同等の職務を遂行していた非正規社員に同じような仕事をさせづらいと判断する企業が出てきています。正社員と同じような仕事をさせていると、正社員との処遇差が法違反だといわれかねないからです。本来ならば、処遇を正社員と同等にすればいいのでしょうが、現場で起こっていることはその逆で、非正規社員が「正社員と同視すべき労働者ではない」状態にするために、職務内容を以前より明確に区分したり、人材活用にわざわざ正社員と差をつけるように社内ルールを整備し、「職務分離」を進めている企業が少なくないかと思います。非正規社員に対して正社員と違った職務を割りあてることで正社員との処遇差を正当化し法律を形式的に守ろうとする動きといえ、好ましくないのではないかと感じています。いままでは能力のある非正規社員には正社員と同じような仕事をさせてきたのに、法改正を受けて厳格に任せる仕事を区分するようにしたというのでは非正規社員の能力開発の機会が高まることが期待できません。

11

このような形式的な対応をしている企業には、「週4正社員」制度が有効なのにな、と感じます。

2013年4月改正の労働契約法においても「有期契約」である非正規社員と正社員の待遇の差が不合理と認められるものであってはならないと規定されました（法20条）。直近では正社員と非正規社員で受けられる通勤手当等の額に差があることや、定年退職後に賃金が下がることが不合理であるとして労働契約法20条をめぐり訴訟が次々と提起されており、今後さらに正社員と非正規社員の待遇の差が不合理でないかどうかが、職場で議論となる傾向にありそうです。

5　非正規社員を社員に引き上げ、正社員の負担を緩和する

法改正を受けて行うべき人事施策は、正社員に近い職務を担ってくれているパート等非正規社員を「多様な正社員」として位置づけ登用し、活躍の場を創出することです。従来の正社員とバランスの取れた処遇とするワークルールを作りましょう。短期的にみれば正社員が増えることで人件費総額が増大してしまうという懸念がありますが、長期的にみれば企業の人材力が高まるため、経営体力も強くなります。さらに、従来からの正社員にも多様な正社員としての働き方を選択できるような仕組みにすれば、ライフステージの変化に合わせて活躍し続けること・働き続けることが可能となり、なお理

想的です（図表３）。

図表３　従来型正社員と非正規社員の間を取る働き方

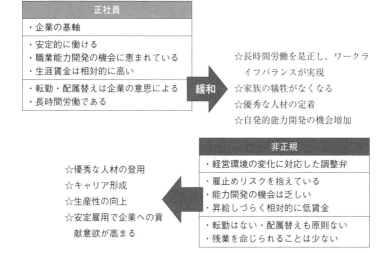

資料出所：著者作成

6　週５＋αだけが正社員ではない
　　～多様な正社員の多様な形態～

　会社に自分の人生を捧げ、会社と運命をともにする覚悟が決められた人だけで構成される正社員の集団。仕事も大切にするけれど、同じように家庭・地域社会など別の世界も大切にする多様な正社員を含む正社員の集団。どちらが魅力的な企業でしょうか。どちらが強い企業でしょうか。著者は多様

な正社員を受け入れている企業のほうにより魅力を感じます。そんな多様な正社員の一類型が「週4正社員」なのですが、週4日勤務以外にも働き方の形態は多様です。

以下、多様な正社員の類型を大きく3つに区分してみていきましょう。

①**勤務地制約型正社員**

勤務地限定採用、エリア正社員等、勤務地に制約を設けつつ正社員として雇用するという類型。全国展開する企業では、このような制約を設けた働き方が採用されることがありますが、必ずしも「正社員」という雇用区分とはしていない例も多いように思います。正社員の区分の1つとして位置づけることで、育児・介護等の事情を抱えていて転勤はできないというライフステージにある人でも正社員でいつづける（正社員になる）ことができます。

近年は、転勤の拠点がないような中小企業でも、海外に現地法人を立ち上げる等のグローバル化が進んでいます。著者の顧問先である製造業・IT関連等では、中小零細規模の企業でもこのような動きがよくみられています。このような職場では、海外転勤が可能な人とそうでない人とを区分し処遇差をつけることもあり、この場合に海外転勤はできないという正社員は勤務地制約型正社員といえます。

②**職務制約型正社員**

ドライバーや医療・福祉従事者など、資格が必要とされる

職務、専門性が高いために特定の職務範囲のなかで能力開発をしていくことが有効な職種について、ジョブローテーションを行わない制約をつけた正社員の類型がこれにあたります。産業の高度化が進み、企業が付加価値をより高めていこうとする過程にあって、プロフェッショナルとしてのキャリア形成が可能となる職務制約型正社員の重要性は高まっていきそうです。医療機関には多くの専門職がいますが、彼らは職務制約型正社員です。この類型を社内で整理し制度化すると、賃金の仕組みをその職務の難易度に応じて設定する職務給制とすることができることが利点といえます。ただし、労使の信頼関係で成り立っている日本の安定的労使関係では、職務の範囲を明確に定めることで「ここまではあなたの仕事・それ以外はやらなくてよい」とも読めてしまう職務記述書を作成することで作られる職務給制を導入することに否定的な意見があることも事実です。

③時間制約型正社員

「週4正社員」はこの類型に該当するものです。

先日、弊社の関与する企業の正社員で、働きながら大学院に通いMBAを取得したという人がいました。彼が言っていたことが印象的で「会社から残業が免除されなかったら夕方から始まる講義に参加することはできなかった」とのこと。近年、社会人大学生が増えているようですが、労働時間が柔軟に調整できる環境でなければ叶わないことです。この人の

場合、上司の理解があったために特例的に残業を免除されるという働き方ができたというのですが、この成功事例を受けて同社では「残業免除」という時間制約型の正社員ワークルールの創設を検討しはじめました。

政府は、社会人の職業能力を高めるために「学び直し」を推進しています。2014年10月からは、雇用保険による教育訓練給付金の給付内容も拡充され、専門学校・大学・大学院等のうち指定された講座を受講した場合に最大144万円の給付金の支給が受けられるようになっています。しかし、せっかく学び直しの機会が拡充されていても、働く人たちに学びのための自由時間がなければそのチャンスを活用することができないわけです。

時間制約型は、学び直しや、副業・兼業（パラレルワーク→第7章で詳しく取り上げます）のニーズにも応えることができるワークルールです。残念ながら現状では、時間制約型正社員を取り入れている例は少ないようです（図表4）。

これからは長時間労働を前提としない職場づくりが求められ、これに取り組んでいくことに力を入れていくべきではないかと信じて疑いません。

第1章 なぜ「週4正社員」か？

図表4　多様な正社員導入状況

○　企業アンケート調査によると、約5割の企業が「多様な正社員」の雇用区分を導入しており、そのうち、
　　職種限定の区分　　：約9割
　　勤務地限定の区分　：約4割
　　労働時間限定の区分：約1〜2割
の企業が導入している。
○　職種、勤務地、労勤時間といった要素を複数組み合わせている区分も見られる（職種限定かつ勤務地限定の正社員など）。

		企業数	雇用区分数	従業員数（人）
全体		1,987 (100.0%)	3,245 (100.0%)	1,576,996 (100.0%)
多様な正社員		1,031 (51.9%)	1,547 (47.7%)	519,152 (32.9%)
	職種限定あり	878	1,314	442,020
	労働時間限定あり	146	200	53,148
	勤務地限定あり	382	505	140,191
いわゆる正社員		1,379 (69.4%)	1,602 (49.4%)	1,011,952 (64.2%)

資料出所：厚生労働省「『多様な形態による正社員』に関する研究会報告書」（平成24年3月29日公表）

Column

「リスボン戦略」とは？

　2000年3月にEU理事会で採択された知識を基盤とする経済（knowledge-based economy）を実現するための「リスボン戦略」。

　これによれば、非正規労働者は人件費コスト削減の調整弁として位置づけられるのではなく、高付加価値を生む創造力の源泉として位置づけられるとされています。短時間勤務の非正規労働者は自身の自由時間を正規労働者よりもより多くもっています。仕事以外のプライベートでの経験値が高いわけで、その経験値を仕事に還元させ、高付加価値を生み出す源泉として活用していこうというわけです。ステキな考え方だなぁと思います。長時間労働によって価値を生み出す（より長く働きより多くを作る）という発想ではなく、知識によって高い価値を生み出していこうという発想。長時間働く人がより高い評価を受けるような日本では新鮮な発想に感じます。知識により価値を生み出そうと思えば、知識・能力向上のために学ぶ時間や精神的余裕も必要です。自己啓発に問題があるとした労働者の問題点（**図表**）では、正社員の半数以上が「仕事が忙しくて余裕（時間）がない」と回答しています）。

　日本企業も、社員をより長時間働かせることで収益を高めようとするのではなく、社員の能力をより高めることで収益を高めていこうという人事方針に舵を切ったらどうでしょう。日本全体の労働生産性が飛躍的に高まるかもしれません。

第1章 なぜ「週4正社員」か？

図表　自己啓発に問題があるとした労働者の問題点（複数回答）

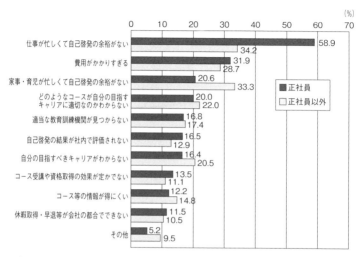

資料出所：厚生労働省「能力開発基本調査　2014年度」

第2章
社会を取り巻く環境の変化

　第1章では、「週4正社員」制度を含む多様な正社員のあり方が社会に出始めてきていること、その効用・メリットの概略を説明しました。第2章では、こういった多様な正社員のあり方が求められるようになったわが国の職場を取り巻く社会環境がどういったものであるのかを確認しておきます。また、「週4正社員」は、メリットも多いですが、やってみると課題・デメリットも多いワークルールです。社内施策として導入するにあたって障壁となる課題・デメリットもあらかじめ知っておきましょう。

1　メンバーシップ型雇用

　フルタイム＋aの働き方をする正社員で構成される日本型雇用の特徴は、しばしば次の3つの要素で表現されます。
　①終身雇用制度
　②年功序列処遇

③企業別労働組合

諸外国との比較をするとき、これらが日本の雇用環境を特徴づける「三種の神器」といわれ、正社員が1つの企業で定年まで働き続ける長期雇用を可能としてきた要素といえます。日本企業が、正社員を中心とした人員構成を主軸としてきたことは第1章でも説明しました。正社員は、長期的に安定した雇用と引換えに無定量に会社に忠誠を誓う（転居を伴う配置転換を受け入れ、長時間残業により会社に貢献し、ジョブローテーションをとおして会社が求める能力を身に付けていく等）働き方をします。このような働き方から、仕事（JOBに）就く「就職」というよりも、会社の一員となる「就社」というほうが適切であるとして、メンバーシップ（会員）型雇用と呼ばれ、職務が限定されているジョブ（職務限定）型雇用と区別して表現されることもあります。

日本企業は、「会社と一蓮托生」を誓える人だけを正社員として迎え入れるメンバーシップ型雇用を採用し、正社員には手厚い雇用保護を加えています。家族手当や住宅手当などの福利厚生給、長期雇用を前提として社内での職能を基準とした生涯賃金設計、退職金制度、これらは非正規社員には行われないケースがほとんどです。

2 法施策も「多様な正社員」の普及へ

　しかし、メンバーシップ型雇用のワークルールが確立された高度経済成長期のころから社会環境は相当変化しました。何よりも少子高齢化による人口構造の変化です。従来のメンバーシップ型雇用による正社員は順次定年を迎えリタイアしていきます。これから働き始める若者層の人口は減少していく局面にあります。そうすると、企業の労働力を維持するためには、これまで十分に登用されてこなかった、女性、高齢者、障害者あるいは外国人が活躍できる職場を作らないといけないわけです。また、価値観も多様化してきています。外国人労働者と接している方は価値観の違いを日々感じていらっしゃるでしょうし、世代間ギャップという価値観の相違もあります。とくに若者労働者の意識は、仕事志向から、余暇志向・仕事余暇志向へと変化してきていますから（NHK放送文化研究所「日本人の意識」調査）、長期雇用を前提としたメンバーシップ型の正社員を基軸とした人事方針がすべての人に受け入れられる時代は終わりつつあると考えなくてはなりません。また、企業は無定量に「正社員には忠誠を求める」というスタンスを取り続けることはできないことを認識しなければなりません。

　そうした社会環境の変化を受けて、政府も多方面から課題

の検討をおこなっています。

(1) 多様な正社員の普及・拡大のための有識者懇談会

　2013年6月に閣議決定された「日本再興戦略」に基づき集結された多様な正社員の普及・拡大のための有識者懇談会では、その分野の研究者等専門家が全14回の会議をもち、制度を導入している企業8社や労使団体からのヒアリングを行うなど、多様な正社員制度の導入メリットなどを検討しています。2014年7月に取りまとめられた報告書においても、「多様な正社員の普及が必要である」と記載されています。ただ、残念ながら、先行導入企業の8例はいずれも「勤務地制約型」の事例であり、「週4正社員」制度のような「時間制約型」に主として取り組んでいる事例は示されていませんでした。その後2014年中に厚生労働省から発せられた「企業における『多様な正社員』活用の事例集」においても、大変興味深い事例が5社分掲載されているのですが、この事例集においても時間制約型を導入している例は1社しかありません。もちろん、「勤務地制約型」と「職種制約型」への取組みが進むことは歓迎すべきことですし、その2つの正社員区分を設けたことをキッカケに「時間制約型」の新たな枠組みをつくる環境が整うことが期待できます。このように多様な正社員の普及・拡大は政府主導でも推進されているところですが、時間制約型には導入にあたっての大きな障壁があるこ

とがうかがえます。なお、厚生労働省の委託事業として行われている「多様な人材活用で輝く企業応援サイト」では順次取組事例が公表されており、現在27社の事例（2018年3月現在）が掲載されています。そのなかでは時間制約型の事例が7社掲載されており、参考になります（URL：http://tayou-jinkatsu.mhlw.go.jp/）。

(2) 女性活躍推進法のスタート

　2016年4月に施行された女性活躍推進法では、女性の採用・育成・管理職への登用がフォーカスされ、管理職に占める女性の割合を数値目標として定めること等が官公署ばかりでなく一般企業にも求められています。本法施行を受けて、「この春の人事異動でむりやり（!?）女性管理職を3名増やしました」という話を、先日弊社関与先企業から聞きました。法施行に背中を押された格好であったとしても、取組みが進むのは悪くないな、と著者は感じました。

　ところで、女性活躍推進法の制定施行で注目すべきは、この法に基づき政府が重点的に進めるべき具体策として掲げているものに、次のような女性以外に焦点をあてた項目があるということです。

【多様な働き方の推進、男性の暮らし方・意識の変革】
・非正規雇用者の待遇改善（同一労働同一賃金の実現）
・長時間労働の削減、多様な働き方の推進

・男性の家事・育児・介護等への主体的参画の促進

つまり、この法律は女性の登用ばかりに力を注いでいるわけではなく、女性が活躍できる環境とするため（あるいはあらゆる属性の労働者が活躍できる環境を作るため）に男性の働き方を見直す、男女間の賃金格差を是正する、ということにも取り組もうとしているのです。

『「育休世代」のジレンマ』（光文社、中野円佳著）で描かれている次のような実態を聞けば共感する女性労働者は少なくないはずです。「かつて大学生だったころ同じゼミ生だった仲間同士が結婚し就職し……、夫と妻は同じ立場だったはずなのに、育休復帰したころから賃金格差が出る、年収で100万円を超える差がつく。その結果、育児負担が平等ではなくなる（つまり妻の負担が重くなる）という事態に対して、賃金格差があるために強く夫に家事分担を求められない……」。著者の身近にもこういった女性は大勢います。「私がパートに出て稼ぐ1カ月の給料の総額よりも旦那の残業代のほうが高いのよ。私が働くからその分残業しないで早く帰ってきてとはとてもじゃないけど言えないわ。世帯収入を考えると、より有利なのは旦那が残業をして私が家事をするという役割分担だもの」。なるほど。正社員の労働時間が超長時間化する事情の1つにこういった側面もあるのか、と感じます。逆に、夫が積極的に育児参加する姿をみて「旦那さんより奥さんのほうがいい稼ぎなのかしら」と憶測する発言をよ

く耳にすることもあります。

そうであれば、パート労働者の賃金水準を引き上げればいいのではないか？（＝同一労働同一賃金の実現）というと、簡単にはいきそうもありません。パート労働者の賃金水準を引き上げれば企業の総人件費コストは高騰する一方ですし、パート労働者本人も、「夫の扶養の範囲で」働くという勤務制限をかけていたりするので、時給を上げられると困るのだそうです。

こういった事情からみても、女性活躍推進法の制定は、今後の女性の働き方と従来からの正社員の働き方を変革させていく原動力になるのではないかと期待します。

(3) 介護離職ゼロへ

2016年、安倍内閣により打ち出された「新３本の矢」では、①GDP600兆円、②出生率1.8、③介護離職ゼロが政策重点課題として掲げられました。このうち、③介護離職ゼロを実現するためには、各企業の取組みが不可欠です。家族介護をキッカケに離職した理由の圧倒的首位が、仕事と「手助け・介護」の両立が難しい職場だったため**（図表５）**としており、職場環境に原因があることを示しています。

高齢化社会を迎え、要介護家族を抱える社員は増加の一方です。家族介護と仕事の両立を図るためには、介護をしている期間、柔軟な働き方ができる仕組みを作らなければなりま

図表5 【離職者】介護を機に離職をした理由

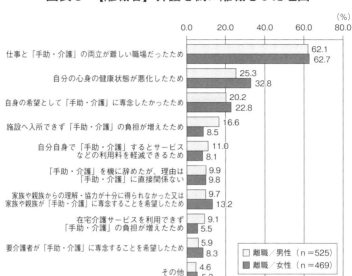

資料出所：三菱UFJリサーチ＆コンサルティング「仕事と介護の両立に関する労働者アンケート調査」

せん。同調査では、「職場に介護にかかる両立支援制度がない」と離職者の半数が回答しています。育児介護休業法による介護休業・介護休暇制度はすべての規模の事業主に実施が義務づけられているもので、一部の例外を除いたすべての労働者に請求権が認められているものですが、その周知が十分にされていない、仮に周知がなされていたとしても制度を利用しづらい職場の雰囲気があることが想定されます。

いまから8年以上前の話ですが、著者の関与先企業（製造

業）でのこと。長年勤務していた中堅男性社員が、親御さんの介護のために退職していきました。介護休業制度等を利用してもなお働き続けられなかった理由は、「デイサービスへの送迎のうち、朝の見送りの時間だけは家族と調整がつかず自分が担当するしかない状況になった。そのため8時始業のこの会社では働き続けることが難しい。夜が遅くてもいいから出社時刻が遅い別の会社を探し転職します」というのです。会社にとって大切な人材が家族の介護のためにやむなく退職していく様を目の当たりにして、駆出し社労士であった著者は、どうにか解決策はないものかと思い悩んだものです。出社時刻を遅らせて短時間勤務となってしまったとしても働き続けられるような柔軟な働き方を提案すべきだったかなといまでも悔しい思いをしています。

(4) 一億総活躍国民会議の動向（同一労働同一賃金）

2016年2月23日に開催された第5回一億総活躍国民会議では、「非正規雇用労働者の待遇改善」「高齢者の就業促進」「若者の就業促進」および「障害や難病のある方の就業促進」について議論が行われ、安倍総理は、次のように述べています。

「本日は、働き方改革について議論を行いました。子育て世代や若者も、そして高齢者も、女性も男性も、難病や障害のある方々も、だれもが活躍できる環境づくりを進めるため

には、働き方改革の実行が不可欠であります。……」

政府は、メンバーシップ型雇用を主軸とする日本型雇用のあり方の方向転換を決意したように思えます。

参考　一億総活躍社会とは

・若者も高齢者も、女性も男性も、障害や難病のある方々も、一度失敗を経験した人も、みんなが包摂され活躍できる社会
・一人ひとりが、個性と多様性を尊重され、家庭で、地域で、職場で、それぞれの希望がかない、それぞれの能力を発揮でき、それぞれが生きがいを感じることができる社会
・強い経済の実現に向けた取組を通じて得られる成長の果実によって、子育て支援や社会保障の基盤を強化し、それが更に経済を強くするという『成長と分配の好循環』を生み出していく新たな経済社会システム

資料出所：首相官邸ホームページ

3　多様な正社員を制度化するにあたっての障壁

多様な正社員の3類型（①勤務地制約型、②職務制約型、③時間制約型）のうち、時間制約型の先行事例が少ないことは前述したとおりで、導入しづらいと各企業が感じているの

だろうと思われます。その理由は主に次のようなものではないかと推測されます。

(1) **賃金制度**

わが国のいわゆる正社員に支給されている賃金の項目には、生活保障給として支給される項目が多くあります。働く人本人だけでなく、働く人が養っている家族の生活を賄えるだけの給与を支給するという発想から、家族手当、住宅手当など、仕事の成果とはかかわり合いのない属人的な要素による給与項目が設けられているのです。皆さんの会社にもこういった福利厚生的な給与項目があるのではないでしょうか。

「週4正社員」制度は、労働時間を短くする一方で、ワークシェアリングが可能になる仕組みでもあります。いままで4人で担当してきた仕事を5人で担当し、その分一人あたりの仕事量を減らす仕組みにするなどの場合です（生産性を向上させて従来と同じボリュームの仕事を効率的に短時間で行うと仕組みとするケースもあります）。そうすると、仕事量が減った分、普通に考えれば給与も減ってしかるべきです。しかし、生活保障給は、たとえば扶養家族1名につき5,000円などのように支給額が定額制であることがほとんどですから、ワークシェアリングによって働く人の数が増えれば企業としての支給総額は増えてしまいます。そうすると、企業にとっては多様な正社員制度を新たに設けることで、人件費コ

ストが増大するデメリットとなります。

　日本型労務管理の特徴としてあげられる年功序列賃金は、正社員の賃金コストを高騰させる原因であることも指摘されています。そのため、企業は働く人全員を正社員にはせず、高い保護を与える正社員と、低い処遇の非正規社員とで賃金総額の抑制をしてきたのです。そういった背景がありますから、人件費の配分をどのようにするかを真剣に考えずに安易に多様な正社員のワークルールは導入できるものではありません。

　また、これは労働時間の問題とも絡んでくるものですが、正社員に支給する賃金が、そもそもある程度の残業分を想定して設計されている場合があります。サービス残業があることを前提とした賃金設計や、残業代の固定支給がそれにあたります。残業時間の長さにかかわらず一定額の残業代を支給する固定残業手当の仕組みを取り入れている企業にとっては、「週４正社員」制度を導入する際に、週５日勤務から週４日勤務への所定労働時間分を賃金削減するだけではバランスせず、週５日勤務する人が通常行っている残業時間分の目減りも反映させて「週４正社員」制度に移行する必要があります。この場合、減額される賃金幅が大きくなることから、働く人にしてみれば、柔軟な働き方を選択したいけれど大きな賃金減額のインパクトに耐えられないので多様な正社員での働き方を選択できないということもあり得ます（**図表６**）。

図表6　固定残業代が支給されている場合に週4勤務とした場合の賃金減額

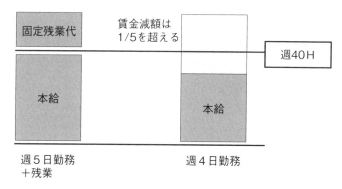

資料出所：著者作成

(2) 労働時間

　パート等非正規社員の賃金水準を正社員とバランスする水準まで引き上げ、一方で正社員の長時間労働を是正するとともに削減された分の賃金を抑制することができれば、企業の総人件費コストは増えずに済むかもしれません。そうすれば、同一労働同一賃金の推進と、正社員の長時間労働の問題は一挙に解決するように思えますが、これもそう簡単にはいきそうにもありません。

　理由は大きく2つあります。1つ目は、長時間労働を是正しても仕事量は変わらないこと。業務の進め方を改善した結果賃金が減ってしまうとしたら時短の取り組みは進むはずも

ありません。2つ目は、日本のいわゆる正社員の多くが表面的には現れてこない長時間労働をしているため、時短が成立しても賃金抑制は起こらないからです。表面的には現れない長時間労働とは、次のようなものです。

①サービス残業（1カ月の残業時間上限が設定されているがそれを超える残業が常態として発生してしまうようなケースを含む）

②管理監督者としてそもそも残業時間に応じた残業代の支払対象となっていない

③裁量労働制のワークルール下で働いている

先日、あるベンチャー企業の経営者の方から「週4正社員」制度の導入に関する相談に応じたときに、「ここもそうか！」と感じることがありました。「週4正社員」制度を導入したい理由は、現在働いてくれている有能なパートさんたちを正社員に登用して定着率を高めたいというものでした。

そこで、パートさんたちが正社員になりたがらない理由を経営者の方に尋ねてみました。

「正社員とパートさんでは、時給水準はどれくらい違いますか？」と尋ねると、「正確に比較することができない」といいます。理由は、パートさんにはタイムカードどおりの時間で給料を支払っているけれど、正社員はタイムカードによらず月給で給料を決めているのでサービス残業をしている分は給料が出ていないから、というのです。実態を調べてみる

とこの会社では、パートさんは契約している時間で勤務しているのに対して、正社員は契約時間という概念が薄く、自主的に居残って残務対応をしているのが日常となっているようでした。その結果、時給単価はパートさんのほうが高額となっていることが分かりました。これでは、パートさんたちは正社員になろうという意欲をもつはずもありません。実はこれはレアケースではありません。著者が「週4正社員」制度の導入支援をするときに、必ずといっていいほど当たる壁とさえいえます。正社員の労働時間の実態を企業が正確に把握していない例が多いのです。そうすると、「週4正社員」の所定労働時間とフルタイム正社員の所定労働時間（＋把握されていない残業時間）は、同じ土俵で比較することが難しくなるのです。そのため、ほとんどのケースで、新しいワークルールを導入する前に、まずは正社員の労働時間管理を適正化することから着手しなければなりません。

　ただ、著者はたとえ「週4正社員」制度の導入に至らなかったとしても、正社員の労働時間の適正管理と労働時間短縮のための社内施策がすすめば、それは社内の働き方をよりよくする取組みとしては一定の成果があったものと評価してよいと思っています。

(3) 労働生産性の低下

　「週4正社員」制度の導入を提案すると多くの企業から聞

こえてくるのが、生産性が低下することへの懸念です。常に正社員は会社にいるから朝礼・ミーティング・会議等により情報共有ができるのに、一定の時間不在になるような働き方をされるとそれが不可能になるし、業務の引継ぎ連絡などが煩雑になり、その結果、労働生産性が低下するに違いない、と。短時間労働のために能力が発揮されない（逆からいえば、長時間いればいるほど能力は発揮されると思い込んでいる）、勤務交替・情報伝達が非効率を招くに違いない、マネジメントしにくくなる……こういった意見は、多くの導入検討企業において出てくる懸念事項です。

　しかし、これはある意味チャンスともいえる障壁で、残業することを前提とした会議運営や、在席していることを前提とした情報共有の手段を見直し、時短への取組みを進めるきっかけになります。インフラ整備も含めて時短のための社内改革に取り組めば生産性はむしろ向上します。問題は、そこにメスを入れ、ある程度の投資も惜しまない決断を経営者ができるかどうかです。決断し変革しなければ、今後ますます進む少子高齢化社会のなかでの有能な人材を確保し企業が維持発展していくことは難しいと思います。

Column

「職能給」と「職務給」

　各職務の性質や相対的価値を基準にして定める賃金を職務給といいます。タクシーの運賃は熟練運転手さんでも新人運転手さんでも変わりませんよね、「同一距離・同一運賃」なわけです。「僕はこの道30年のベテランなので初乗り運賃はほかのタクシーより2割高いです」と言われたら乗客は困惑してしまいますものね。職務給はちょうどこれと同じで「同一価値労働・同一賃金」の考え方によるものです。同じ仕事をしていれば同じ賃金が支払われるということです。かつて日本でも「年功賃金から職務給へ」とスローガンがもたれ、年功序列で賃金が高騰する生活保障型の賃金体系※から脱却しようとする戦略が日経連（現在の経団連）により打ち出された時期がありました。しかし、職務給には次のような弊害があり浸透しませんでした。

①長期雇用慣行下で頻繁に行われる配置転換と相いれないこと。
②職務と格付けを明確にする社会的基盤が整っていなかったこと。

　これに対して、多くの日本企業で導入が進んだのは、職務遂行能力に応じて従業員を格付けし、それに基づいて賃金を決定する「職能給」制度です。同一の能力を有しているならば、職務が変更されても同一の賃金が支払われる「同一能力・同一賃金」の考え方に基づくもので、ジョブローテーションの多い日本企業になじみました。

　多様な正社員の普及を推進するためには、職務給が適切に使われるように賃金制度について検討する必要があります。まずは、職務制約型正社員から手をつけるのが検討しやすいはずです。

※年功序列賃金を著者は「生活保障型賃金」と呼んでいます。年齢を重ねると人はより生活にお金がかかるようになります。家族も増えるだろうし住宅ローンも抱えることになるでしょう。それらにかかる費用を賄えるだけの賃金を払おうというのが年功序列賃金であり、これは働く人の生活を保障しようという発想から設計されている部分も大きいと考えられます。社員を家族のように捉える日本的な賃金構造ではないでしょうか。

第3章

導入事例　先行企業の取組み

　第2章では、多様な正社員のあり方が求められるようになったわが国の職場を取り巻く社会環境について確認し、同時に「週4正社員」を社内施策として導入するにあたっての課題（賃金コストの増大・労働時間管理の適正化・労働生産性の維持）についてふれました。「週4正社員」制度にはたしかに課題も多いですが、著者はそれを上回る利点があると思っています。

　第3章では実際に導入している企業事例をみていくことで、より具体的に制度導入のイメージを膨らませていただこうと思います。

1　C社の事例

【柔軟な短時間正社員制度の例】

　C社は医療福祉系の事業で従業員数が約600名の企業です。1週間あたりの勤務時間が20時間以上であれば、出勤する曜

日や１日あたりの勤務時間は自由に選択することができる時間限定正社員制度を導入しています。

(1) 導入プロセス

　時間限定正社員を制度化して、有能な人材の確保に役立てることを目標に動き出した同社では、まずは既存社員全員にアンケートを実施し、現場からの意見を吸い上げました。新設する制度が現場の実情から離れないようにするためです。このアンケートからあがってきた懸念事項から、新制度の導入時に一定の対策が講じられています。たとえば、「時間限定正社員が増えると夜勤を担当する人が減るのではないか」に対しては夜勤手当を増額することと夜勤専従の社員を採用することで対策しました。また、フルタイム正社員に業務が集中し、時間限定正社員は従来のパートのように補助・作業的な業務しかしないのではないかという責任の分担に対する懸念に対しては、「働き方に関する委員会」を組織し部署間連携を強化し各部署の業務量の調整を図る工夫がなされることとなりました。経営層からはまた、「人件費が増大するのではないか」との懸念が出てきます。これに対しては、離職者の減少による研修費用の削減、事務手続コストの削減などにより結果的にコストよりも収益が増加するシミュレーション結果が示されました。このような多方面からの施策を講ずるプロセスを経て制度開始に至っています。

この会社では、社長自らが時間限定正社員の制度導入をレクチャーするセミナーに参加し、新制度に関して強い決意をしていました。トップの強い意志があったことは制度導入まで漕ぎ着ける鍵だと思います。そこまでにかかる工数はかなり多く、また制度に賛成しない既存社員も出てきますから制度導入に至らない、または導入してもうまく機能しないといったことが起こってしまいます。

(2)　制度概要

①勤務時間と労働時間制度
　勤務時間は週20時間以上であれば勤務時間や出勤曜日を自由に選択することが可能です。ただし、いったん選択した勤務パターンは一定期間変更することはできません。
②対象者と切替えのタイミング
　既存正社員、新規採用者を対象として時間限定正社員の希望者を募集しました。制度導入時期は2008年ですが、第１期生として９名の社員が制度の適用対象者となっています。一度決めた勤務パターンは年２回（４月／10月）変更することができます。
③賃金・その他の処遇
　フルタイム勤務の社員との労働時間差分に比例した給与が支給される月給制としています。賞与や退職金も同じように労働時間比例で支給額が決定されます。研修の頻度や内容は

フルタイム社員と同様であり、特筆すべきは時間限定正社員である役職者が複数名在籍していることです。

(3) 考えられるメリット・課題

　時間限定正社員制度を導入することのメリットとして、優秀な人材の離職の防止、採用の強化があげられます。家庭の事情によって勤務継続が難しくなったときでも短時間勤務が可能なら働き続けることができるからです。また、意外に感じられるかもしれませんが、C社では、新制度を導入してから時間限定正社員への応募だけでなくフルタイム正社員への応募者数も増加したとのことです。将来的にフルタイム勤務ができなくなった場合も、正社員として働き続けることが可能である環境に魅力を感じる人が集まったのだと思います。そのほか、短時間勤務を可能とする体制を整える過程において、業務分担の明確化が進むことやチームワークが強化されることが効果として上がってきているようです。人材不足対策として導入した同社にとって、効果の高い施策だったと評価できます。

　一方、課題としてシフト管理・調整が煩雑になり管理業務が増大していること、教育訓練時間の確保の難しさ、時間限定であるにもかかわらず時間外労働が発生していることがあげられています。時間限定で働く人が多くなればシフトは複雑なパズルのようになってきます。そのパズルの穴となる部

分をどう埋めていくのかは現場の悩みとなっているようです。

2 D社の事例

【フレックスタイム制を活用する例】

　D社は社会保険労務士法人で社員数（パートタイマー含む）が20名あまりの企業です。1日7時間・週4日勤務（週28時間）の「週4正社員」制度を導入しています。

(1) 導入のきっかけ

　D社とは、著者が代表を務めている事業所、ドリームサポート社会保険労務士法人のことです。導入時期は2011年、ちょうど東日本大震災の直後で、多くの大企業が週休を1日増やして雇用を維持するワークシェアリング施策を講じていた時期です。しかし、同社の場合のきっかけは震災対応ではなく、長時間労働の末体調を崩し入院してしまった社員を出してしまったことへの反省と、人につく仕事の仕組みを改善したかったことにありました。小規模事業所ですので、1人が欠けてしまうことによる業務への影響は大きく、それを穴埋めする残された社員にかかる負荷は相当のものとなります。そこで「1人に1.5人分の仕事をしてもらうのではなく、1.5人分の仕事を2人でシェアしてもらう」という発想で始めたのが「週4正社員」制度です。

(2) 導入プロセス

D社のケースでは、社員が少ないころから「週4正社員」制度を導入していましたので、既存社員からのヒアリングや希望者の募集等のプロセスはほぼ踏んでいません。導入にあたって行ったことは、週5日勤務相当の勤務をする社員を標準として、これと同等の賃金水準を維持するような設計の賃金制度を策定することと、「週4正社員」とパートとで求められる職務水準の期待値が異なることを明文化した就業規則を策定すること程度でした。結果、制度が規定された就業規則の周知により、時給制のパートがチャレンジ意欲をもち、月給制の「週4正社員」へステップアップした人もいます。短時間勤務でも求められる期待値は正社員としての責任感を必要とするものであることを理解している社員が増えることは企業体力を強化することにつながっていると感じています。

なお、D社は「週4正社員」制度をもっていないほかの同業他社との合併を経験しており、合併により合流した正社員を週4日勤務に処遇変更するために次のような取組みを行いました。

①合併後の10カ月間

週5日勤務の賃金水準を維持することを保障したうえで、業務分担・業務遂行方法を見直し、週4日勤務への移行を推奨した。また、週4日勤務者と旧週5日勤務者とで

ペアを組み、週4日勤務を体感してもらう施策を講じた。

②その後の半年間

　従来の週4日勤務者も含め、週4日から週5日まで幅をもたせて勤務することを認めるデュアルフレックス制を導入し、働き方を柔軟化した。

③**移行期以後（現在）**

　全員週4日のフレックス勤務制度へ

(3) **制度概要**

①**勤務時間と労働時間制度**

　勤務時間は1日7時間、週4日勤務を標準として計算された時間を月所定労働時間とするフレックスタイム制です。週所定労働時間は28時間となります。フレキシブルタイムが7：00〜10：00、15：00〜19：00で、コアタイムが10：00〜15：00。朝礼開始時刻にはその日出勤する全員が揃います。合併前はフレックスタイム制ではなく9：00〜17：00の1日7時間勤務でしたが、制度導入プロセスを経てより柔軟な働き方が可能となるフレックスタイム制へ変更しました。

　週4日勤務における休日（週3日）は、祝祭日を含めてカウントされるのが注意点です。祝祭日がある週は週5日勤務の人も週休3日になりますから、比較すると、たとえば5月は1日しか差がありません（**図表7**）。「祝祭日がある週は、週休4日になるのではないのですか？土日祝日にプラス1日

図表7　月所定勤務日数の比較（2016年の場合）

月	1月	2月	3月	4月	5月	6月	7月	8月	9月	10月	11月	12月	合計
週4	16	17	19	16	18	18	16	19	17	17	19	17	209
週5	19	20	22	20	19	22	21	22	20	20	20	21	246

※週4と週5では、年間労働日数の差は37日であり、月平均では3日の差となる。これは、祝日15日分が週5では休日として扱われるのに対し、週4では休日としない取扱いとしているためである。

資料出所：著者作成

休めるのではないの？」と聞かれることがありますが、そうではありません。

①-2　勤務時間と労働時間制度（制度移行時のデュアルフレックス制）

　D社が合併後の制度移行時に行ったデュアルフレックス制について触れておきます。これは、週4日勤務の正社員、週5日勤務の正社員ともに、週4日から週5日まで各自の判断で幅をもった働き方ができる制度です。「デュアル」としているのは、日数と時間数の2つを、どちらも自由に決めることができるという柔軟さを表現しています。たとえば、ある月の所定勤務日数は、週4日勤務相当で18日、週5日勤務相当で22日となります。それぞれで算定される月所定勤務時間数は126時間と154時間です（1日7時間勤務とした場合）。この枠の範囲内で勤務する働き方がデュアルフレックスタイム制です。最長の154時間を最短の18日の出勤でクリアしてもいいですし、126時間を22日勤務でクリアしてもいいので

す。この勤務枠の範囲に納まっていれば必ずしも最短もしくは最長に合わせる必要はありませんので、20日勤務で140時間等でもOKです。このようにすると、週休3日は休みたいけれど週1日は長い時間勤務が可能という人のニーズも、毎日勤務することができるけれど時短勤務がいいという人のニーズも一挙に叶えることができます。合併を経験したD社が、週4日・週5日の正社員の働き方を1つの働き方に収束させるために取った移行措置ですが、職場内の社員同士が各自の柔軟な働き方を駆使して協働することにもつながり、チームワーク向上にも寄与しました。なお、特例措置期間中の賃金水準はいったん全員を週5日相当勤務で設定し、最長時間に達しなかった時間数分だけ時給単価相当額の8割を控除することとしました。つまり、2割相当額は勤務していなくても支給される仕組みで、最短時間に近づけた人のほうが、時給単価がより高くなります。

　デュアルフレックスタイム制は、移行措置とはせず恒久措置としてもよいのではとさえ思える柔軟な仕組みでしたが、D社は「週4正社員」制度を重要な企業アイデンティティとして掲げていたため、移行期を経て終了しました。

②**対象者と切替えのタイミング**

　正社員はすべて「週4正社員」制度の対象者です。したがって、週5日勤務のフルタイム社員と「週4正社員」の切替えのタイミングというのは設けられておらず、その点が他

第3章　導入事例　先行企業の取組み

(ある月の例)

正社員形態	月所定勤務日数	月所定勤務時間数
週4日相当	18日	126時間
週5日相当	22日	154時間

※デュアルフレックス制：上記表中の枠の4つのパターンのいずれの範囲内でも
　OKな働き方
A）週4日相当の出勤で週5日相当の労働時間数としてもよい
B）週5日相当の出勤で週4日相当の労働時間数としてもよい

社と一線を画しているところです。「正社員で週4日勤務」というインパクトは強いものであるらしく採用する際に有利ですが、フルタイム正社員の枠組みがないため、初任給が他社の正社員募集の水準と比較して低いことはネックです（週5日勤務換算では、遜色ない水準なのですが……）。

「週4正社員」のメリットは、業務繁忙期に臨時雇用や派遣社員等の労働力によらず、正社員の労働力を追加提供させることで対応することがしやすい点にもあります。そもそも週5日＋αの過重な労働を常態としている場合、さらに繁忙となったときに過重労働を上塗りするような残業となれば、月の総労働時間は健康を維持することが難しくなるほどの水準に達しかねません。その点、もともとの勤務時間が短い「週4正社員」は、残業をすることができる余裕幅が多くもてています。前述のC社の事例では、時間限定社員に残業が発生していることを課題にあげていましたが、著者は必ずし

も残業を完全に排除する必要はないと考えています。年がら年中残業が多いようでは働く人は疲弊してしまいますが、基本となる労働時間が短いのであれば、一時的な業務繁忙時の残業はある程度許容できるものです。とくにＤ社の場合、業務の繁閑が年間を通じてある程度予測することが可能で、繁忙期となる５・６月と11・12月は、残業が発生しますが同業他社のように臨時雇用（アルバイトや派遣）に頼ったり、超長時間残業でなんとか切り抜けるといった対応をせずに済んでいます。

③賃金・その他の処遇

　Ｄ社の「週４正社員」の賃金処遇は、週５日勤務と比較したときに、約85％となるように設定されています。80％（＝５分の４）ではありません。前述のとおり同社の週４日勤務における休日（週３日）には祝祭日が内包されているため、祝祭日が含まれる週は週休３日となる週休２日制の週５日勤務と比較したときに単純に勤務日数が５分の４にはならないからです。週５日勤務した場合の給与水準をそのまま週４日勤務相当にスライドさせようとすると約85％で計算することになります。したがって、週４日と週５日とで時給単価換算すると両者は同額となります。

　「わが社でも週４日勤務で契約した正社員がいます」とお話してくださる経営者がいらっしゃいますが、賃金の設定をどのようにしたのかをお尋ねすると、月給額に単純に５分の

4（80％）を掛け算して得られた額を支給しているというケースが少なくありません。D社のように、祝祭日がある週は、週5日勤務の人と同じ休日数なら賃金が80％となるのは不利益となります。逆に、祝祭日がある週は週休4日（勤務日数のほうが週3日）になるという設定なら、賃金が80％となるのは週5日勤務の人と比較してむしろ有利になってしまいます。

　賃金処遇を維持したまま「週4正社員」の制度を設計するためには、月給制の場合でも時給換算比較をして賃金の設定を行いましょう。そのためには、単純に週所定労働日数で比較するのではなく、年間所定労働日数（あるいは労働時間数）を週5日勤務相当の場合と週4日勤務相当の場合とで比較し、支給する賃金割合を定めるようにします。

　なお、D社の制度では、社会保険、賞与、退職金制度その他の福利厚生施策は、週4日・週5日相当勤務で差異はなく、同じ処遇となるように設計しています。

(4)　**考えられるメリット・課題**

　フレックスタイム制による短時間勤務制度は、短時間勤務者とフルタイム勤務者が混在する職場ではより働きやすいワークルールとなります。ただし、異なる所定労働日数・時間数の正社員が混在する場合は、職場をマネジメントする管理者は個別の社員の仕事の分担や業務遂行に関してより丁寧

にマネジメントしていくことが求められます。つまり、管理業務が増えるということです。また、職務の分担を明確にしておかないと、業務が滞る恐れもあります。第2章でも説明しました「多様な人材活用で輝く企業応援サイト」で取り上げられている事例のなかには、多様な正社員制度を導入するにあたって社員1人あたり2～3時間、累計1万時間もかけて個別面談をしたと回答している企業もあり、導入に際しては、個別の社員への丁寧な説明による現場の意識改革と根気強く制度を浸透させる経営トップの強い意志が必要であることがうかがえます。

3 E社の事例

【1カ月単位の変形労働時間制を活用する例】
　アパレル大手E社の制度概要をみてみましょう。

⑴　導入のきっかけ

　社員数を1.6倍に増やすことを事業計画としたE社。人材確保策として2015年から週4日勤務制度を導入しています。離職率を低下させ、人材の定着に役立てたいという願いもあるとのことです。

(2) 制度概要

①勤務時間と労働時間制度

　勤務日数が週4日になりますが、1日あたりの所定労働時間を10時間としているため、1週あたりの所定労働時間は1日8時間勤務の週5日勤務の社員と変わらず40時間となります。労働基準法による労働時間の上限規制を1日単位ではなく一定期間の平均でみる変形労働時間制によりますので、1日10時間勤務でも残業扱いとはなりません。C社、D社の事例と異なり、所定労働時間の短縮にはなっていませんが、出勤日数が週1日減りますので、1カ月あたりの時間外労働の総数は減るのではないかと推測します。また通勤にかかる時間も週1日分減りますからプライベート時間は確実に増える制度といえそうです。なお、週4日の勤務日には業務繁忙となる土日が含まれることが求められます。休日3日は平日に取るということです。その点で会社側にとっても大きなメリットがある制度設計となっています。

②対象者

　対象者は勤務エリアが限定されている「地域正社員」で、E社の全社員の約5分の1です。運用の状況をみて対象者を広げていくことも検討しています。著者が関与している企業でもテストランとして、たとえば管理部門だけを対象として新制度をスタートさせ、徐々に対象者を広げるというプロセ

スを経るようにしている会社は少なくありません。新制度をスタートさせると事前には想定していなかった課題が必ずといっていいほど現場から出てくるもので、修正しながら会社にあった仕組みに作り上げていくことになります。そのため、いきなり全社に適用させず試験運転を行ってみるというやり方が有効です。

③賃金・その他の処遇

　総労働時間が短縮されていませんので、賃金水準は週5日フルタイムの社員と同じです。1カ月あたりの残業時間総数が週5日勤務の社員と比較して少ないのであれば、その分残業代も少なくなってしまいますが、業務改善により残業時間が削減できたことが立証できるようにし、残業削減分も賃金処遇へと反映させていくことができれば、より現場のモチベーションもあがるでしょう。

　接客を主とする小売業、飲食店等では、営業時間中の業務と営業時間前後の業務が存在します。営業時間前後の業務を営業時間中に組みこむ工夫を組織ぐるみで行っていけば、残業時間の短縮を達成することができます。ただし、残業時間の短縮により賃金が減ってしまわないようにしたいものです。残業時間の短縮分については、当初は賞与に反映させ、定着後は月例給与に反映させ定着させていくことができれば理想的です。

(3) 考えられるメリットおよび課題

　週所定労働時間数を維持したまま勤務日数だけを減らす「週4正社員」制度は、年中無休で営業するような小売業、飲食業などでとくに導入効果が上がりやすいのではないかと思われます。賃金水準を維持したまま週休日を1日増やすことができます。その分1日の勤務時間を延長することができるので、営業時間が長くなりがちな業種では残業代コストを抑制することができます。働く人にとっては、連休が取りやすくなる、自己研鑽のための時間の確保もしやすくなる等のメリットがあります。E社が始めた制度は、変形労働時間制という労働基準法上の仕組みを知らなかった人には、より柔軟なワークルール構築のヒントを与えたという意味でも、有意義な施策であったと考えます。

　しかし、課題もあります。勤務日数が減った分、店長・副店長等の役職者が不在となる日が増えます。これに対応するためには、役職者を各店舗2名以上置く、時間帯責任者制とするなど職務責任の分担をする必要があります。1人の社員にかかる負担が従前と変わらなければ、結局休みが取れない等、制度が形骸化してしまう恐れがあり、そうならないような対策が必要です。

4　F社の事例

【パートタイマーからの登用に主眼を置いている例】

(1) 導入のきっかけ

　接客販売を行うF社では、接客が上手なパートがいる店舗では売上が好調になるとのことで優秀なパートの存在が不可欠なのだそうです。しかし、9割以上が女性で占められているパートは、いかに優秀でも家庭の事情で退職してしまう人が多く、なんとか優秀なパートを引き留めたいとの経営課題から、短時間正社員制度を導入しました。

(2) 制度概要

①パートより正社員に近い位置にある短時間正社員制度

　同社の短時間正社員制度は、「時給制の正社員」という位置づけで、勤務時間は正社員の年間勤務時間未満の2分の1以上で時間と日数のいずれも労働者による選択が可能です。正社員の月給を時給単価に割り戻した額が時給となるため、賃金処遇は正社員と同じ水準です。

　3年以上の勤続要件を満たしたパートのうち、上司の評価が得られ、①筆記試験・適性検査、②部門長面接、③役員の承認の3工程からなる登用試験に合格した人だけが短時間正

社員になることができます。ハードルは高いですが、一旦短時間正社員に登用されると、その後1年以上勤務すればいつでもフルタイムの正社員に転換することも選択できるので、まさに正社員登用へのステップとなる制度といえます。一方、正社員から短時間正社員への切替は毎年4月のタイミングでいつでも可能で、その理由も無制限。何度でも正社員と短時間正社員の雇用区分変更を繰り返すこともできます。

②対象者

・3年以上継続勤務したパート
・正社員のうち短時間勤務を希望する者

〈注〉同社の制度では、新規採用での短時間正社員というルートは設けていません。

(3) 考えられるメリットおよび課題

大きなメリットは、短時間正社員の存在がステップアップを目指すパートにとってのよきロールモデルとなっている点です。だれでもが登用されるわけではなく、高いハードルが設けられていることで、短時間正社員が社内では「魅力ある憧れの存在」になっているようです。パート応募者へのアンケートを実施しているF社では、応募のきっかけに「短時間正社員制度があること」をあげる人も多いようで、パートの採用にも有利なようです。

また、パートという身分より（短時間勤務だとしても）正

社員という身分が与えられていることで、とくに、女性労働者の場合は働き続けるために家族からの理解が得られやすいというメリットもあるのではないでしょうか。家庭の事情が変化しても、正社員である妻に「仕事辞めたら？」とはなかなか言いづらいでしょうし……。

　一方で、パートから短時間正社員に登用されると時給単価がフルタイム正社員水準まで上がるため、人件費コストが増加しています。また、本制度は対象者の範囲は広いものの、3ステップの登用試験制度をパスしなければならないものであるため、登用審査や審査後のフィードバックにかなりの手間ひまがかかります。登用基準を満たさなかったパートに丁寧なフィードバックを行わないと、かえってモチベーションを下げてしまう恐れもあるからです。

5　G社の事例

【高年齢者向けに短時間正社員制度を整備している例】

(1)　導入のきっかけ

　若年層の採用・定着に課題を抱えている製造業のG社では、発想を転換し「高齢者に戦力として働き続けてもらう」人事施策へと方針転換し、短時間正社員制度を策定しました。

(2) 制度概要

①対象者

　対象者は60歳以上のフルタイム正社員のうち希望する者です。65歳を定年年齢としているG社では、65歳以降も継続して就労を希望すれば会社と協議のうえ働く意欲がある限り働き続けられるワークルールをもっています。しかし、60歳以上の高齢者の場合、体力的に厳しいとか、本人や家族の通院があるなどの事情からフルタイム勤務が難しいことも少なくなく、これに対応するため整備したのが短時間正社員の仕組みです。

②労働条件（時間・賃金・その他）

　対象者が高年齢者に限定されているため、個別事情を踏まえて労働条件は設定されます。個人ごとに労働条件は異なりますが、共通しているのは「正社員」であるという地位。毎年、短時間正社員は自身の働き方の目標を社内に向けて宣言する機会をもちます。この機会に、個別に抱えている事情を職場のなかで共有することができ、シフト調整を行う際に個別の事情に寄り添った配慮がなされたり、助け合うムードが醸成されるとのことです。仕事にかかわってくるプライベートな事情も管理職や職場の仲間が把握することは望ましい姿です。過度な配慮や過度な仕事分担の課題が解決されます。昨今、プライバシーに敏感な社員が増えていると感じます

が、多様な正社員が活躍できる職場とするためには、プライベートな事情を明かしたくない職場のムードを払拭するような取組みが必要で、「目標宣言」はそういった意味でも有効な取組みだと思います。また、G社では、短時間制度を導入する以前から社員の多能工化を推進してきており、業務の調整がしやすい体制の構築をしてきています。

(3) 考えられるメリットおよび課題

　メリットとしてあげられるのは、企業の知名度アップと採用コストが低減したことだということです。「高年齢者が働きやすい企業」というイメージがついたおかげで、同業他社からの転職等で即戦力になる高年齢労働者の応募が増えているそうです。

　一方、G社の施策は、働く人個々人の事情を汲んで条件設定している部分が多く、マネジメントは非常に煩雑になります。今後、さらに労働者の高齢化が進んでいくなかにあって、高齢者を対象者とした短時間正社員制度を策定しようとする場合には、ある程度ルールを決めたうえで選択できる部分をもたせる仕組みづくりが求められそうです。

6　H社の事例

　本書では、多様な正社員のうち時間制約型について紹介していますが、時間制約型の正社員制度を新設するにあたり、勤務地制約・職務制約もセットにする例は少なくありません（E社も地域限定社員を対象として「週4正社員」を制度化しています）。ここでその他の2類型の先行事例についてもみておきましょう。

【勤務地制約型×職務制約型×時間制約型の例】

(1)　導入のきっかけ

　社員総数50人未満の金融関連サービス業を営むH社では、女性パートの更なる活躍を後押しするべく、人事制度の改革に取り組みました。

　制度改革の概要は、①パートを適正に評価するための等級制度・評価制度を作ること、②賞与・退職金の支給方法を評価結果を反映したものとする仕組みにすることなどでした。このような人事制度の刷新を受けて、パートと正社員との人事評価上の位置づけが明確になったことで、副産物として「パートから正社員への登用制度も設けることができるのではないか」と社内から発案があり、これを具現化したものです。

(2) 制度概要

①正社員登用制度

　H社では、かつてパートから正社員に登用される人はいませんでした。パートは勤務地が限定されていますが、正社員になると転勤を伴う異動があることが大きな要因だったようです。

　そこで、正社員登用制度を設けるにあたり、

　A）勤務地を限定し職務も限定する「一般職区分」

　B）転勤あり、職務の変更もある「総合職区分」

を新たに設けました。

　そのうえで、一般職区分の正社員を対象に、

　C）短時間勤務が可能な「短時間一般職区分」

を設け、一定水準以上の有能なパートを、A）またはC）の区分で正社員に登用する制度としました。

②対象者

　対象者は、人事考課結果で一定ランク以上となったパート全員です。一定ランク以上となったら自動的に「正社員候補者」とされ、人事担当者から対象者には個別に説明が行われます。本人の希望に基づき審査をするという方法ではなく、会社側から積極的に働きかけて正社員に登用することとしている点が特長です。候補となったパートが応諾すれば正社員に登用されます。転換の時期は昇格のタイミングと同時で年

第3章　導入事例　先行企業の取組み

に1回で、パートとして最短1年11カ月の勤務で正社員に登用される可能性がある仕組みです。

③賃金その他の処遇

　パート、正社員（一般職・総合職）とも同一ランクの評価であった場合の賃金は時間あたりで同一となるよう設定されており、同一労働同一賃金が達成されています。パートと正社員で異なるのは賞与と退職金のみで、月例賃金は同一水準で支給されることとなります。ただし、総合職の正社員は転勤の可能性があること等の事情を勘案した係数をかけた分を増額した賃金が実際には支給されます。

　制約がない（転勤リスクがある）正社員に支払われる賃金増額部分を「リスクプレミアム手当」と呼ぶことがありますが、制約がある（転勤リスクがない）正社員との賃金格差が存在することはリスクテイクしているという差があることから合理的です。多くの企業でその差分は1～2割程度で設定されることが多いようです。（厚生労働省「『多様な形態』による正社員に関する研究会」企業アンケート調査結果より）。ただし、転勤リスクがある正社員が実際には長期間転勤を経験していない場合などは他の区分の社員からの不満が噴出するおそれもあることに留意しなければなりません。

(3) 考えられるメリットおよび課題

　H社では正社員登用制度を設ける前の正社員・パートの人

61

数比率が1：3だったところ、正社員登用制度を設けてから人数比率が3：1に変わりました。それにより企業風土が大きく変わったということです。主として責任感が強まったこと、定着率が高まったということです。

H社では、評価の結果を受けて「正社員候補者」を会社側から指名する仕組みとしているため、丁寧なフィードバックを行うこと、適正な評価を行うことが最重要課題といえます。

7　I社の事例

【2種類の勤務地制約の例】

(1)　制度概要

①勤務地制約型を2種類設定

スーパーマーケットを全国展開しているI社では勤務地の制約を置かない正社員のほか、通勤圏内の約10店舗程度で設定されたエリアに限定して転勤の可能性がある勤務制地約型社員（エリア限定）、1店舗限定で勤務する勤務地制約型社員（店舗限定）の3つの区分を設けました。勤務地の制約を3段階で設定していることと、エリア限定については通勤圏内であることを意識しているため、単純な距離やマネジメント側の事情で設定するのではなく、鉄道の沿線上にある店舗などで丁寧に設定され、首都圏の場合は90分以内で通勤でき

るエリアにしている点が特長です。

②勤務地制約型社員の労働時間

Ｉ社のエリア限定社員の勤務時間は制約のない正社員と同じ週５日・フルタイムとなりますが、7：00前および22：30以後のシフト設定は行わないという点で、ワーク・ライフ・バランスに配慮されています。店舗限定社員は社員ごとに取り決めた契約時間での勤務ですので、そこから一気に無制限の正社員にステップアップするのはハードルが高いものです。とくに早朝・夜間の勤務は家庭の事情で難しい状況の人が少なくないため、このような労働時間制約を設けたものです。

(3) 考えられるメリットおよび課題

制度改正により、パートにとってよりチャレンジしやすい登用ルートが確立されたことがメリットとしてあげられます。パートから正社員へと登用されていく道筋ができました。パート、制約正社員、正社員の３類型で相互に連動するランク付けも明確にされたため、均等・均衡待遇への対応の土台もできました。合理的な格差が「見える化」されたことは企業としては不合理格差を争う訴訟リスクの回避という意味でも大きなメリットとなります。

なお、Ｉ社の制約社員は正社員として位置づけられてはおらず、１年単位での有期契約社員としています。今後、無期

転換権の行使がスタートする2018年以降は、有期契約である制約社員と無期契約である制約社員が混在することとなるでしょうから無期転換の申込への対応等で混乱が生じないように社内インフラを整えていくことが課題といえます。

8 J社の事例

【勤務地制約型×職務制約型の例】

アプリケーションの開発、ネットワーク構築などを手がける情報通信業のJ社は、全国3カ所に拠点をもつ企業です。会社の立ち上げ時は1カ所だった拠点が徐々に増えてきて、全国転勤を正社員に求めるに至りましたが、転勤を望まない正社員が退職してしまうことに課題を感じ、勤務地を限定した正社員区分を設けるとともに、職種を限定した専門職区分も新設しました。

(1) **制度概要**

①**勤務地制約型と職務制約型の組み合わせ**

従来は正社員区分は1本しかありませんでしたが、勤務地を1つの拠点に限定する正社員と、職務を1つに限定する正社員（職務はシステムエンジニア・プログラマー／営業／総務／ネットワーク運用）の2つを新設。新規採用時に制約のない正社員のほかに選択できるコースは次のとおりです。

A）新卒採用：勤務地制約型のみ選択可能

B）中途採用：勤務地制約型・職務制約型のいずれも選択可能

採用後、3年に1回の頻度で「制約なし⇔勤務地制約⇔職務制約」のなかで本人の希望に基づく転換が可能です。

いずれの正社員区分も、労働時間はフルタイムであり、時間制約型はJ社には設けられていません（育児・介護のための短時間勤務は除く）。

現在、J社の人事労務担当責任者は、創業当時から正社員として勤務してきた人で、もともとはシステムエンジニアの職務を担当されていました。「今後は、総務限定制約正社員が部下になるときがくるだろうなぁ」と仰っていたのが印象的です。

②賃金その他の処遇

3つの正社員区分で同一の資格等級制度を用いており、勤務地制約型には等級の上限が設定されていますが、職務制約型には上限設定はありません。また、同じランクに位置づけられていれば、支給される給与（業績給部分）は同額となります。同社の基本給は、「業績給＋資格給」からなっており、資格給については3つの正社員区分ごとに別の賃金テーブルが用いられています。その結果、制約正社員に支給される賃金は1〜2割程度低くなります。その他の各種手当は3つの区分とも同額とされています。

(3) **考えられるメリットおよび課題**

　事業所を増やしていく過程にあるようなベンチャー企業では、拠点が複数なかったころに採用した正社員は、転勤を受け入れられる環境にあるのか、それとも転勤は不可能なのかを確認することをせず採用している場合も多いだろうと思われます。そうすると、勤務地制約型の正社員区分を設けることで、従来からいた正社員にも一律に希望をヒアリングすることができ、その結果に基づき合理的な処遇差をつけることも可能となります。

　ただし、一方では勤務地制約型を選択する社員が増えてしまうと、成長局面にある企業では、新設事業所への転勤を引き受けてくれる正社員が不足してしまいますので、その点が大きな経営課題となりそうです。

　また、J社ではいずれの雇用区分でも長時間残業が経営課題となっています。時間制約型の正社員区分を設ける前に、正社員の労働時間の適正化に向けた取組みを行うべくさまざまな施策を講じている真っ最中です。

9　「制度」化しておくことの重要さ

　具体的な事例をみていくと、「そういえばわが社にも、短時間勤務にしている正社員がいるねぇ。ほら、いまご家族の

介護をしている営業2課の佐藤さん」と思いあたる人もいらっしゃるのではないでしょうか。しかし、もし明文化されたルール（制度）をもたずに、個別対応で特別扱いをしてあげているとしたら、本人は肩身の狭い思いをしているかもしれません。なぜなら特別扱いは再現性が乏しいからです。たまたま理解のある上司の下にいたからできたことだったりすると「あの人のときはこうだった」とか、「あの部署ではこうしている」「寛大な上司だからできている」など不平不満が噴出してしまい、職場の雰囲気が悪くなってしまうことがあります。また、個別対応で賃金水準などを設定してしまう（あるいは短時間勤務になる前の水準を維持してしまう）と、不当に有利になってしまったり、不利になっていたりということが起こりやすいのです。祝日がある週はどうなるのか？年次有給休暇の付与日数はどうするのか？等、現場で発生する疑問への回答が準備されていないこともあり、特別扱いしていたはずの社員から不満が出ることもあり得ます。これでは、せっかくの特別扱いが円満な職場づくりに悪影響となってしまいかねません。

　たとえば、転勤の可能性がある区分の正社員が、一定期間家族の介護のために転勤はできない状況となったとしましょう。制度が設けられていれば、その期間は勤務地制約型の正社員区分へ属し、その区分で決定される賃金の支払いを受けることとなり、納得性もあります。しかし、制度がなかった

場合はどのように処遇決定すればいいでしょうか。明確なルールがない状態で「転勤できない期間は給料1割カットね」とは言いづらいですよね。その期間は、元の処遇のままで転勤免除となるとしたら、代わりに転勤となった社員からは表面化しなくても不満が出てしまうでしょう。たとえば、「自分も実は資格取得のため仕事の後、学校に通っていたんだ」とか。

制度として運用されていれば、社員間でも「明日はわが身・そのときは自分もあの社員と同じ程度の処遇変更で、同じように働き続けられる」と自分に置き換えて考えることができ、お互いさまの助け合い精神が芽生えますし納得性も高まります。

明文化されたルールなどなくても円満でいられる社会が本来あるべき姿であり理想だとは思います。たとえば、家庭という最小単位の社会では、明文化されたルールはなく愛情とお互いの信頼関係により円満な関係が維持されます。米沢藩主の上杉鷹山は、「藩主と藩民の間に紙（ルール）を挟むな。藩民は藩主を見ず紙をみるようになる。藩主は藩民を見ず紙で統治しようとするようになる」と言ったそうです。信頼関係のうえで組織運営をするのが理想だという教えだと思い共感します。しかし、さまざまな価値観の人が同時に働く現代の職場では、組織の秩序を維持するため、妥当なルールを制度として策定しておくことが求められます。

第3章　導入事例　先行企業の取組み

Column

ダラダラ残業したほうがお得!?

　ホワイトカラー職種の場合に必ずといっていいほど課題になるのがダラダラ残業問題です。ダラダラ仕事して残業する人のほうが効率よく短時間で仕事を切り上げている人よりも残業代分だけ給料が増えるという不合理です。短時間社員は業務を効率化させて限られた時間で成果を上げるべくがんばる。一方、時間が許す人はマイペースに仕事を進め、結果その分残業代をより多く稼ぐ。業務の効率化への取組みを社員個人任せにすると必ずこの問題が出ます。これでは多様な正社員と週5日勤務の正社員が共存し、ともに活躍することはできません。「ダラダラ残業したほうがお得」とならないように、各社員への業務の配分や進捗管理を丁寧にマネジメントしていくことが求められます。また、時間という尺度ではない適正な評価の仕組みを社内で作り上げていくことも求められます。さらに、働く時間の長短はあれど、同じ目的に向かって協働する仲間であるという意識をもつことも重要です。正社員のあり方が多様化していくなかで、すべての社員が共感できる共通の目的・企業理念が今後はますます重要になっていくことでしょう。

Column

始業時刻とともにコアタイム開始はOK？

　フレックスタイム制は、あらかじめ定められた1カ月の総労働時間数について、各日の始業と終業の時刻を労働者の自由選択に

委ねる仕組みです。24時間制限なく自由選択できる仕組みを「スーパー・フレックスタイム制」と呼びますが、選択可能時間帯（フレキシブルタイム）と必ず労働しなければならない時間帯（コアタイム）を設定することも可能です。フレックスタイム制導入前に定められていた始業時刻から直ちにコアタイムとすることも可能で、たとえば朝一番に業務が集中するとか、朝礼などのミーティングが開催されることが決まっているならば、始業時刻＝コアタイムの開始時刻としておくことができます。たとえば、フレキシブルタイムの開始を朝6時からとし、コアタイムを朝9時からとするなどで朝型勤務を奨励している企業があります。

Column

「非正規という言葉がなくなる」!?

　ニッポン一億総活躍プランが政府から発表されました。これによると、正規・非正規の格差問題を改善するために働き方改革に取り組んでいくという政府の強い意志が示されています。
（以下、一部抜粋）
　正規か、非正規かといった雇用の形態にかかわらない均等・均衡待遇を確保する。同一労働同一賃金の実現に向けて、わが国の雇用慣行には十分に留意しつつ、躊躇なく法改正の準備を進める。どのような待遇差が合理的であるかまたは不合理であるかを事例等で示すガイドラインを策定する。非正規という言葉を無くす決意で臨む。
（抜粋ここまで）
~~~~~~~~~~~~~~~~~~~~~~~

家具販売のK社では、従業員を正規・非正規というように区分けせず、職務が同じならば働く時間の長さが違っても同一の賃金を支給しています。多くの会社で同じような人事処遇の考え方が広がれば、社員はライフステージに合わせて働く時間を調整することができ、より長くその会社で働き続けることができるはずです。そうすると、長く働くことで積み上げられていくスキルは一層高まり、企業にとっても人材力が高まるということがいえるのではないでしょうか。

「あの人はパートだから」「わたしはアルバイトだから」といって仕事に対する責任から身を引く遠慮がちな働き方はなくなり、正規・非正規の垣根なく責任のある仕事を無理のない範囲で各自が担い活躍する日がやってきてほしいものです。

なお、このプランを受けて内閣府に置かれた働き方改革推進会議では2016年12月に「同一労働同一賃金ガイドライン案」が発表されました（巻末に掲載）。このガイドラインにより、正社員と非正規社員との間に待遇差が存在する場合に、どのような待遇差が不合理でNGなのかが具体例を含めて示されています。

第4章
導入事例　導入までの詳細事例

　第4章では、もう1社「時間制約型」の制度を導入している先行事例について、以下、導入手順に沿って時系列でご紹介します。自社での新制度の検討・導入スケジュールを計画する際の参考にしていただけたらと思います。

1　スタートアップ

　ある方からのご縁で、かねてから固定化・硬直化された自社の働き方に疑問をもっていたというL社の人事担当者との出会いがあり、「週4正社員」についてお話させていただきました。長らく自社のワークスタイルへの課題への答えを探していたという担当者さんは「それは面白そう！」と共感していただき、プロジェクトが動き出しました。L社は社員数100人強のウェブ広告関連の会社です。

　当時ウェブ広告の業界は長時間労働が恒常化しており、短時間勤務などに興味をもつような状況にない会社が多かった

ですので「なぜ週4日勤務のワークルールを求めているの？」という思いが先に立ちました。

2 「なんのために」（目的）が重要

「週4正社員」制度の導入のためのテクニックを知るよりも前にやっておかなければならない重要なことがあります。それは「何のために新しい制度を導入しようとしているのか」という目的を経営陣と担当する部署のメンバーがしっかりと意識合わせしておくことです。

これは、「週4正社員」制度に限らず、再雇用制度や人事評価制度等、新たなワークルールを会社が制度化しようとするときに真っ先に固めておくべき最優先事項です。ここがしっかりしていないと、制度の構築過程で暗礁に乗り上げてしまい、せっかく進んできたプロジェクトが頓挫してしまうことすらあります。また、せっかく制度を策定しても社内に展開していくときに難航します。

まずはL社でも、人事部門の担当者会議でその点をヒアリングしました。その結果、次のような「思い」が浮き彫りになってきました。

・長時間労働によって発想が陳腐化することに懸念があること
・育児休業から復帰した社員への適正な処遇ができている

のか疑問を感じていること
・社員の社外での活動を推進し社会貢献に繋げたいと願っていること

クリエイティブな業種ですから、柔軟で豊かな発想が求められることは著者の想像にも難くありませんし、育児休業復帰者への処遇のために短時間勤務制度を導入することは王道中の王道で珍しい話ではありません。そこにきて意外に感じたのは、「社外での活動を推進したい」という人事部門の人たちの思いがあったということです。L社は高いスキルを有する社員が、柔軟で豊かな発想に基づきクライアント企業に対してウェブ広告を通じたソリューションを提供しています。こういった業務を通じて培われたスキルがプライベートの人脈のなかでも活かされ、たとえば自身の生まれ故郷の街興しのためのプロジェクトで大きな力を発揮する場面などもあるのだそうです。しかし、こういった機会があってもL社では副業・兼業を禁止する社内規則があるため、または時間的余裕がないために、社員はそういった活躍の場を逃してしまっているようだということでした。仕事を通じて高めた自身の能力が仕事以外の場で役に立つという経験ができれば、それは社員にとっては働きがいを高めてくれる経験となるだろうし、「わが社らしい社員のあり方」だと思うと人事担当責任者は語ってくれました。

　そこで、L社では、「わが社らしい人事施策を作ること」

第4章 導入事例 導入までの詳細事例

をゴールセッティングとし、その1つの施策として「週4正社員」制度の導入に着手しました。なお、この「L社らしい人事施策」策定プロジェクトでは、「週4正社員」制度のほかにも、在宅勤務・兼業許可など、いくつかの制度を同時に策定しました。

3 社内での意識合わせ

新制度を導入するにあたって、まずは経営会議での承認・理解を得ることが必要となります。発案者およびプロジェクトメンバーの「思い」を伝えるために、次の点にフォーカスした資料（図表8－1、8－2）を作成しました。

①新制度概要

②他社事例

図表8－1 新しいワークルールについて

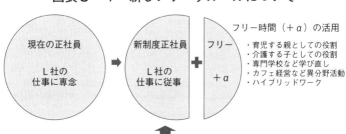

資料出所：著者作成

③期待できる効果（企業価値向上・CSR・政府施策のキャッチアップの面から）

図表8－2　期待できる効果　3つの側面から

- L社の価値向上 -
- 社員にとって有利な社内施設であり帰属意識・モチベーションUP
- 期限意識の醸成による生産性の向上（効率化）
- 有能な人材の確保と定着（社外流出の有効な予防策）
- 人材育成（フリー時間体験のL社への還元）
- 臨時的業務量変化への対応力の強化

資料出所：著者作成

4　新たなワークルール策定のプロセス

　経営会議での承認を得るために説得力のあるプレゼンテーションが求められます。そこで、経営陣からのゴーサインを待たずに新制度の具体的内容について検討していきました。著者が事前に検討テーマを提示し、これに対する考えをプロジェクトメンバーで話し合ってもらうということを繰り返しました。検討テーマは、主に次の7項目でした。

①**制度概要をどのようにするか**
　・労働時間はどのように設定するか（週3日まで許容でき

るのか）
- 労働時間管理をどのようにするか（フレックス／変形制／裁量制）
- 残業はさせるのか
- 出張はさせるのか
- 一時的利用を原則とするのか／恒久的利用も想定するのか

②**対象者をどこまで広げるか**
- 育児・介護・学び直し等、何かの事情がある社員に限定する
- 全社員を対象とする
- 一定の部門に所属する社員に限定する
- 一定以上の勤続年数を要件とする
- 希望者を対象とする／審査通過者のみを対象とする
- 新規採用者を対象とするか、既存社員のみを対象とするか

③**賃金処遇をどうするか**
- 勤務日数（時間数）が減る割合に正比例させて賃金水準を低くする
- 日数（時間数）比例よりもさらに水準を低くする、その場合の賃金決定基準
- 福利厚生給（住宅手当、家族手当等）の水準は？同額とするか時間比例で減額するか

④その他処遇（昇進・昇格・福利厚生）をどうするか
- 評価制度は従来からの社員と同じものを使うのか、または新たな基準を設定するのか
- 健康診断・全社イベント・社員旅行等の福利厚生の扱い（費用負担割合など）はどうするのか

⑤転換時期・回数・滞留期間をどうするか
- 従来からの正社員から「週4正社員」（またはその逆）へのコース転換の時期をいつに設定し、どのようなルートでの申請手続を設けるか
- 審査はどのように行うか
- 頻繁な転換申出を予防するための回数制限を設けるか
- 滞留期間の制限を設けるか（最低●カ月／●年はコース変更はできない・短時間正社員となることができるのは最長●年間とする）

⑤そもそも従来からの正社員の働き方は見直さなくていいのか
- たとえば長時間労働が恒常化しているなどの場合、「週4正社員」が一定割合発生してしまうと業務が回らなくなる、あるいは一定の社員にしわ寄せがくるなどのデメリットが発生することが懸念されるが、その点で課題はないか

⑥フリーとなった時間の勤務（兼業）のあり方
- 同社の場合は、制度の目的の1つに「社外での経験を推

進させる」ことを掲げていたため、副業・兼業を認めることが前提となっていた。そのための手続き（申出・承認等）や、禁止する行為のリスト化をする必要があった

⑦新制度による社員の呼称

・「週4正社員」というネーミングはL社らしくないとのことから、この会社では、制度の呼び方について入念に話し合われ、L社らしくワクワクする呼称が決定された

5　ぶつかった障壁

　新制度を策定するにあたりL社がぶつかった障壁がいくつかありますが、そのなかでも大きかったのは、正社員の多くが裁量労働制により勤務していたことです。裁量労働制は業務の遂行について本人の裁量に委ねる働き方であるため、L社は同制度下で勤務する正社員の勤務実態（実労働時間・業務量・業務遂行の具体的手順等）を十分に把握できていない状況でした。

　裁量労働制では、実際に勤務した労働時間にかかわらず、あらかじめ設定した「みなし労働時間」により賃金計算を行います。この制度下では労働時間を適正に管理する義務こそあれど実労働時間を把握することまでは義務づけられていません。

　そのため、仮に勤務日数が減ったとしても与えられている

業務の量がいままでどおりで、かつ時間短縮のための策も講じられなければ、1日の実労働時間が増えるだけになってしまいます。しかもその増えた実労働時間分の賃金が加算される仕組みにはなっていないので、週1日分の賃金が減るばかりで、業務の負担は変わらないということになりかねません。

短時間正社員制度を導入するにあたって、仕事の「質」は従来の正社員並みの質を求めることで構わないと思いますが、仕事の「量」も従来の正社員並みの量を求めるためには、かなりダイナミックな社内改革を行わないと無理です。

(1) **裁量労働制の縮小**

そこで、まずは、従来からの正社員の勤務実態を把握する調査を行うことにしました。L社の業務はプロジェクトチームごとに進められており、プロジェクトは短いものなら3カ月程度、長いものは通年携わるものまで、受注している仕事内容によってさまざまです。プロジェクトリーダーが個々の社員の役割分担を決め、それを社員が個々の責任に基づいて遂行していくというスタイルでした。現状を把握し検討した結果、担っている業務の内容を基準として、裁量労働制の対象となる社員の範囲を縮小することとしました。

(2) **マネジメント層の意識合わせ**

調査の過程で、従来からいる短時間勤務社員(育児休業か

ら復帰した社員）については、役割分担・責任の範囲と仕事量の配分、さらには仕事の質への考え方が曖昧で、個々のプロジェクトリーダーの考えに頼る仕組みになっていたことがわかりました。そこでリーダー級以上の社員を集めて、役割分担・責任の範囲の考え方について検討するミーティングをもちました。ミーティングでは、具体的な事例をあげてケーススタディを行い、「わが社らしい判断」はどういうものなのかを参加者で話し合い、基準を作っていきました。これによりリーダーが変わっても共通の判断ができるようにしていったのです。このようなミーティングは継続して回を重ねていくことが必要です。現場で微調整を重ねながら、徐々に人によって判断がブレることを回避できるようになっていきます。

(3) 正社員の処遇の適正化

また、L社の裁量労働制では、1日のみなし労働時間を7時間としつつも、給与は1日11時間相当分で計算されていることがわかりました。そもそものみなし労働時間の設定が適正ではなかったようです。労使協議を経て協定を締結し直すほか賃金制度の不備などもみつかり、それらの是正を優先させなければならなかったため、なかなか本題の「週4正社員」制度の策定に取り掛かることができず、途中かなりの期間ストップせざるを得ない状況となりました。

L社の新制度導入は難航しているように読めるかもしれません。しかし、難航していいのです。新制度の導入を検討することで得られる果実の1つに「現行制度が抱える課題が浮き彫りになること」があげられると著者は思っています。現行制度に何らかのひずみがあるとしたら、その制度に手を入れないまま新たな制度を作ろうとしてもどこかに矛盾が生じてしまいます。矛盾を抱えたまま無理に新制度の策定を進めるよりも、まずは現行制度の課題を解決することが先決事項になります。課題の内容によっては解決に時間がかかることもあり、新制度導入どころではない状況になることも、少なからず起こるのが実態です。それでもいまあるワークルールが改善されるキッカケにはなります。それでいいのです。

6　新制度完成

　途中、さまざまな課題が露呈しその対応も丁寧に行う必要があったため、プロジェクトはスムーズに進行したとはいえないところもありましたが、着手から約1年かけて、新制度の枠組みが完成しました。完成までの間に、進捗の都度経営会議での承認、社員会（同社には労働組合がない代わりに社員会という組織が存在する）への説明などのプロセスを経て多角的な意見が出され、制度案は何度も手直ししブラッシュアップされました。その結果、策定された新制度は、次のよ

うな内容のものとなりました。

①対象者

育児・介護・学び直し等の事情をもっている社員に限らず、広く全社員を対象とする。

まずは既存社員からの転換を認め、採用時から短時間正社員として勤務するルートは設けないが、今後拡大していくか検討する。

②賃金処遇

選択可能とした勤務日数（週5日勤務以外に、週4日勤務のほか、週3日勤務も選択可とした）に正比例した賃金水準とする。ただし、福利厚生給（住宅手当、家族手当等）はフルタイム社員（週5日勤務）と同額とする。つまり、時間給単価に割り戻すと、短時間正社員のほうが単価は高くなる。

③その他処遇（昇進・昇格・福利厚生）

昇進・昇格を決定する評価制度はフルタイム社員と同じものを用いる。週4日勤務、週3日勤務の社員でも、役職者となる昇格に上限を設けない。管理職になることもできる。なお、週4日勤務、週3日勤務の社員であっても、会社が定める「全社イベント」には必ず出席することを義務づける。福利厚生として、健康診断や社員旅行等の取扱い（費用負担や勤務時間としての扱いについて）はフルタイム正社員と同等とする。

④**転換時期・回数**

　転換にあたっては、毎年12月末までにレポートを添えて上長に転換希望を申し出る。転換時期は昇格時期と一致させ4月からとし、いったん転換した社員は原則3年間は再転換を認めない。ただし、育児介護等何らかの事情がある者はこの限りでない。

⑤**副業・兼業のあり方**

　副業・兼業を原則認め、兼業先のルールに反しない限り社外での活動に際して、会社の名刺を提示することも認めることとした。ただし、副業・兼業をする場合は、必ず事前に会社に申告することを求める。さらに、別に定める「副業・兼業規程」を遵守することを要件とする（詳細は第7章で解説）。

⑥**新制度による呼称**

　「週4正社員」という呼称ではない、会社独自の呼称を決定した。それ以外にも、会社で勤務する時間・本制度により生み出される自由時間・兼業にそれぞれユニークな呼称が決定された。

7　社内告知と募集・運用開始

　制度が策定された後、L社ではウェブ版の社内報で新制度を告知しました。現在制度の適用を受ける社員は育児を理由

にしている人が数名と1名社外での活動に参画している社員に限られています。賃金処遇は福利厚生給が定額のままであるため短時間勤務を選択したほうが実質昇給となりますので選択する社員が多数出るかと思いきや少数に留まっているのは、

　①周知がまだ十分ではないこと
　②いったん短時間正社員となったら3年はフルタイムに戻れないという制度が高いハードルであったこと
　③ロールモデルの不在等

が原因とみています。L社では、社内報で制度の適用を受けている社員へのインタビューを記事として取り上げるなどして周知を繰り返し行っていきたいとしています。また、これを契機に、在宅勤務等のテレワーク、子ども連れ出勤制度など、さまざまな人事施策が活発に社内で議論されるようになり、「働き方・フリースタイル」と名づけられたL社の人事方針へ向かっていっています。新制度の導入は、従来の硬直化された働き方に一石を投じるに十分な効果があったようです。また、従来からいた短時間勤務者（育児休業からの復帰組）の処遇が整備され、周知されたことで、それらの社員の働きやすさが整備されたことも評価される点です。

　「企業は人なり」といわれます。人は重要な経営資源だとされます。しかし、その「人」に焦点をあてた会議がもたれる頻度はいかほどでしょう。そう多くはないはずです。人事

評価に関する会議は年間数回行われているとしても形骸化しているという会社も少なくないのではないでしょうか。ましてや新たな働き方について話し合うことなどしていないかもしれませんね。社員の働き方について語り合うことは「その会社らしさ」をより強化し、企業の存在価値を高めていくきっかけになります。導入までには時間がかかりますが、長期的にみれば労働時間の短縮への道筋をつけることにもなるでしょう。

Column

裁量労働制

　労働基準法は、管理監督者などの労働時間規制の適用除外者を除いて「1週40時間、1日8時間」という労働時間の上限規制をとっています。産業構造が変化・複雑化する過程で労働者に仕事の進め方に自由度をもたせる働き方を許容すべく、1987年改正により裁量労働制度が設けられました（その後1998年改正により企画業務型裁量労働制も可能となり、従来の制度は専門業務型裁量労働制として再定義されています）。

　裁量労働制は、実際の労働時間に関係なく協定であらかじめ設定した労働時間を労働したものと「みなす」制度です。たとえば、みなし時間を1日7時間とした場合、実際の労働時間が10時間であったとしても4時間であったとしても、賃金計算上は7時間で計算するというものです。ですので、作業量への配慮を行わず裁量労働制による「みなし労働時間」だけを短時間に再設定

するなどということを行うと(そもそも作業量への配慮が必要な業務が裁量労働制になじむのかどうかは別として)賃金面で労働者に不利益になる可能性があります。一部では、「裁量労働制を隠れ蓑として長時間労働が野放しにされている」などとして裁量労働制が悪者扱いされることもあるほどです。

裁量労働制を活用しつつ労働時間の短縮を推進するためには、この制度の本来の目的に照らし、

①個別の労働者に高度な自律性を保障すること

②経済的待遇面で不利とならないように配慮すること

に加え

③少なくとも年次有給休暇は完全消化できるような環境にすること

も求められると思います。

※「せめて有給休暇くらい完全消化せよ(させよ)」というのが著者の持論です。なお、裁量労働制は、行政解釈上は「1日のみなし」のみを設定することができることとしています。「週単位でみなし」とすることもできるようになれば、より柔軟な働き方が実現するのになぁ、と個人的には更なる制度改正を願っています。

Column

多様な社員が自社を「働きがいのある職場」だと認識するには?

多様な働き方は、社員の「働きやすさ」を拡充する施策です。しかし、なかには働きやすさを「自分勝手な働き方が許容される働き方」と解釈する人が出てくるかもしれません。会社から一方的に命じられる硬直的・画一的な働き方が柔軟になることは喜ば

しいことですが、自分のわがままを職場に聞いてもらえると勘違いする人が続出しては、制度も企業も成長していきません。労使双方が安定した信頼関係のもとにお互いに貢献しあおうという気持ちをもたなければ多様な働き方は成立しません。制度設計の担当者は、社員の働きやすさだけでなく、「働きがい」について重視することも忘れないでほしいなと思います。

さて、「働きがいのある会社ランキング」として日経ビジネス誌が毎年２月に調査結果を発表している企業アンケートに基づくランキング指標がありますが、この調査では、働きがいのある会社を次のように定義づけています。

【従業員が勤務する会社や経営者・管理者を信頼し、自分の仕事に誇りを持ち、一緒に働いている人たちと連帯感が持てる場所】

①信頼、②誇り、③連帯感　この３つが鍵になっています。「あるベンチャー企業の人事担当者が「人事部は社内向けの営業部だ、営業ターゲットは社員だ」と仰っていました。

新たな働き方を社員に提供するのと同時に「働きがい」を明確に示し、社員が共通してめざすゴールを掲げ、それを社員に浸透させていくことが必要です。多様な働き方を作るということは、多様な価値観の社員を受け入れるということです。共通の価値観をもたなければ働きやすい職場はできあがっても、その職場は自分勝手な個人の集団となりさがってしまいます。

第5章
わが社で導入するには
【制度設計その1】

　第5章では、御社で実際に「週4正社員」制度を導入するためのステップをみていきましょう。

1　制度設計担当者と責任者の任命

　新しいワークルールを策定することを発案したのはだれでしょう？　人事総務部門の人でしょうか？　社長（経営陣）でしょうか？　それとも一般社員でしょうか？　時代の要請によるものでしょうか？　外部コンサルタントから提案されたからでしょうか？　いずれにしても、なんらかのキッカケがあって新たな働き方の検討が始まることになりましょう。このとき、制度案を策定するのは社内のどの部門で担う仕事となりますか？　制度を社内に展開していくにあたっての責任者はだれになりますか？

　実行部隊と責任者を明確にすることから始めましょう。責任の所在が明確でないと、日々発生する緊急度の高い仕事に

優先順位を奪われて、取組みが頓挫してしまいます。

とくに経営トップが自ら音頭を取る場合は、責任者を別に任命することを強くオススメします。経営トップは忙しいので、責任者を指名せずプロジェクトをスタートさせてしまうと制度策定がゴールまで辿り着きません(そのような事例を著者はいくつか目のあたりにしてきました)。

【プロジェクト概要例】

M社働き方改革のためのプロジェクト		
構成メンバー	:	各部門から選出されたプロジェクトメンバー8名による
事務局	:	総務部から2名
責任者	:	総務部労務課長
会議進行	:	月1回の定例会およびメーリングリストによるディスカッション
ファシリテーション	:	顧問社会保険労務士
第1回会議	:	平成○年○月○日　16:00〜 第1会議室

このように、プロジェクトを結成したうえで制度検討に取りかかることが重要です。新たな働き方について企業として本腰を据えて取り組むために組織編制を行い、担当課を新たに設けるという企業もあります(ダイバーシティ推進室・働き方改革担当課等)。10年単位で先を見据え経営計画に基づいて行うものとしましょう。成功させるためにはメンバーの

選定にあたって能力・意欲的に相応しい人を選ぶことも当然重要ですが、物理的に参画可能な人選とする必要もあります。物理的に可能とは、このプロジェクトに携わる時間が十分確保できることをいいます。

2 経営理念・ビジョンの確立・明確化

(1) せっかちは NG

週4日勤務でも正社員として働くスタイルがあるということを知り「ぜひ、わが社にもそのようなワークルールを入れたい」と前向きに検討してご相談くださる企業経営者・担当者が増えています。なかには、「『週4正社員』制度のワークルールが可能となる就業規則を（雛型でいいから）提供してほしい」というせっかちなご要望をいただくこともあります。

ところが、制度を導入する際、経営理念・ビジョンが確立されていない、あるいは明確になっていないと、制度が導入された後にうまく機能しません。まずは、プロジェクトメンバーでこの点を確認することから着手します。

(2) 日本の雇用システムのよさ

第2章で触れたわが国の雇用慣行の特徴である「長期雇用」や「就職ではなく就社」などは、長時間労働になりがち

な働き方でもありますが、次のようなよさもあります。
 ①能力開発チャンスが多い
　長期雇用を前提としているため、社内人材育成システムの基盤が確立されていて能力開発のチャンスが多い
 ②総合人材の育成に強い
　先輩が後輩を指導するローテーション人事が行われるため、幅広い職務経験を積むことができる
 ③賃金設計が長期決済
　新卒一括採用により、一人前人材になるまでは職務遂行能力の向上に応じて安定的に処遇を高めていくような賃金制度が確立されている
社員は、仕事の幅を広げる機会があるためチャレンジ精神をもちやすく、仕事を教え教わるという社員間の助け合い、チームで働く精神が養われることで会社への帰属意識が高まり、モチベーションを維持・向上させながらキャリアアップが達成できます。また、企業は、就社した正社員を基軸として人事権を行使しますので、適正配置がしやすいという側面もあります。「社員一丸となって」とか「わが社らしい社員像」を企業理念にとともに語りあう場をあえて設けなくても、長い時間をともに過ごす正社員の先輩後輩の関係のなかで、暗黙のうちに共通の価値観、連帯感、会社への貢献意欲が醸成されるのです。これは日本の雇用システムによる特産物です。

(3) 理念を確立することの重要さ

このようなわが国の雇用システムのよさも認識し、そのよさを失わないようにしつつ新たな働き方を作り出そうとするにあたっては、自社の理念・ビジョンをしっかりと確認する作業が重要です。確認作業を行わないと、いずれ、歴史あるわが国の正社員のあり方の「よさ」に飲み込まれてしまい「やはりこれまでのルールのほうがよかったね」と結論付けられ新制度は失敗に終わります。とかく現場は変化を嫌い現状維持を好むものだからです。お恥ずかしい話、ちょうど著者のダイエットと同じです。「何のために」を明確にすることをせずにスタートするので、いつも途中で投げ出してしまうのです。

3 コンセプト設定

プロジェクト会議では、「週4正社員」制度を導入するにあたり、基軸となるコンセプトを決定します。何のために新たなワークルールを入れるのか？ それに対する答えがコンセプトです。経営理念・ビジョンから一貫して下りてくるもので、社員にも伝わりやすいコンセプトの設定が望まれます。コンセプトに沿ってさえいれば、具体的な施策を決定するにあたりブレずにプロジェクトを進めることができます。

コンセプトが策定されたら、社内向けに広報しましょう。その際、経営トップのメッセージを示すことも同時に行うとプロジェクトの推進力が加速します。

　また、このコンセプトを決定するにあたっては、制度の対象となる人の範囲をどのように設定するのかも考えておきたいところです。

・育児支援
・介護支援
・自己啓発支援
・ボランティア支援等
・心身の健康不全対策
・新たな正社員の採用
・高齢者雇用
・パートの活用

「週4正社員」制度は道具にすぎません。その道具を使って達成したい目標・叶えたい夢はなんなのか、社内で議論の場をもちましょう。

　他社のコンセプト例としては以下のものがあります。

・「新しいライフスタイルを作るリーディングカンパニーになる」
・「仕事もプライベートも100％全力投球」
・「社員の自律的な働き方を促進させる」
・「残業削減！生産性アップ！」

第5章 わが社で導入するには 【制度設計その１】

・「目標：女性管理職○％へ！女性の活躍推進の達成」
・「多様性の受容」
・「フリースタイルワークの実現」
・「○○社的ワークスタイルイノベーション」
・「社員をサーフィンに行かせよう」

決定されたコンセプトを社内広報するために、ロゴを作成し、目にとまりやすく工夫する企業もあります。

4　社員のニーズ調査

　新しいワークルールを策定するにあたり、社員の意識調査を行い、課題やニーズを把握しましょう。労働契約法３条は、「労働契約は仕事と生活の調和にも配慮しつつ締結し、又は変更すべき」としています。新たなワークルールを設定する際には、個々の社員が抱えているワーク・ライフ・バランスに対する課題に耳を傾ける姿勢が重要です。ヒアリングする内容は**図表９**のような内容を含むものとし、具体的な内容はプロジェクトメンバーで決定しましょう。また、このアンケートの集計はプロジェクト事務局が担います。実際の作業はアウトソーシングを活用する例も多いようです。

　アンケート内容を設計する際、「週４正社員」制度を策定するにあたっては、新たな制度の適用対象となる社員が大きく３つの属性（**図表10**）から構成され得ることを念頭にお

図表9　ヒアリングする内容

① **労働時間について**
- [ ] 時間外労働が長いと感じているか？
- [ ] 自分で優先順位をつけて裁量をもった業務遂行ができていると感じているか？
- [ ] 業務遂行に支障がある場合、どういったことが原因となっていると考えられるか？

② **休暇等について**
- [ ] 有給休暇その他の休暇は取りやすい環境か？
- [ ] 休暇取得に支障がある場合、どういったことが原因となっていると考えられるか？

③ **ライフスタイルについて**
- [ ] 育児介護など、家族のケアのために取られる時間は1日および1週間にどれくらいあるか？（あるいはどれくらいの時間を割り当てたいと望んでいるか？）
- [ ] 勤務時間がいまより短くなったときに、新たに捻出された時間で、どんな活動をしたいか？（例：家族との団らん、資格試験へのチャレンジ、趣味・スポーツの活動、ボランティアや別の仕事の体験）

④ **短時間で勤務可能な正社員制度について**
- [ ] どんなワークスタイルだったら適用を受けたいと思うか？
（労働時間の選択幅／労働日数の選択幅）
- [ ] どんなときに適用を受けられる制度であってほしいか？
（副業・兼業／学び直し／家庭環境の変化／自己の健康状況／その他）
- [ ] 減額となることを前提として、賃金面での希望は？
（1割減まで許容／2割減まで許容／ボーナスのみ減額を希望）
　※自身が適用を受ける場合に限らず、他の社員が適用を受けることも想定して納得できる水準を検討してください
- [ ] 同じ職場に短時間正社員がた場合に懸念される課題にどんなものがあるか？
- [ ] その他、制度に盛り込んでほしいと内容

資料出所：著者作成

図表10 制度は大きく３つのルートから適用される

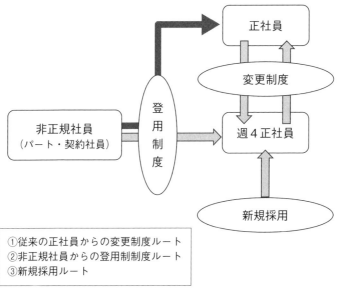

①従来の正社員からの変更制度ルート
②非正規社員からの登用制度ルート
③新規採用ルート

資料出所：著者作成

きます。このうち、①従来の正社員からと②非正規社員からの適用は、既存社員からの適用となりますので、これらの対象者から上がってくるであろう内容をある程度想定して、丁寧なヒアリングを行うよう工夫しましょう。

5　従来の正社員のワークルールを整理する

　社員のニーズ把握と同時進行で行うべきは、社内の現状把握（図表11）です。把握すべき項目は、次の項目を含むものとします。余談となりますが、これらの項目は毎年定期に把握することで、経営課題のあぶり出しに活用することができます。

　情報整理に時間と手間がかかることを嫌う会社もあるかもしれませんが、そうもいっていられない変化が起こっています。2015年10月から順次施行されている若者雇用促進法においては、新たに事業主に対して青少年雇用情報（図表12）を提供する義務が課されることとなりました。この情報提供は、求職者から希望があった場合に行えば法律上は足りますが、厚生労働省指針によれば自社ホームページでの公表、会社説明会での情報提供、求人票への記載などにより積極的に情報提供を行うことが望ましいとされています。また、2016年4月に施行された女性活躍推進法においても、雇用情報（図表13）の公表が義務づけられています。このように法律上の要請からも現状把握のためのデータ整理は企業にとって必要な管理業務のひとつになっています。そのため、これら情報収集はプロジェクトで行うのではなく、給与計算を含む

第5章 わが社で導入するには 【制度設計その1】

図表11　現状把握の観点

①労働時間等の実態
　・所定時間外労働の実態（部門別／雇用形態別／管理職・非管理職別）
　・有給休暇取得の実態
②組織の課題
　・管理職の働き方に対する意識は一致しているかどうか（長時間労働に対する考え方等）
　・自律的に労働時間をコントロールすることができるようになるための教育訓練の実施があるかどうか
　・社内情報共有のインフラに課題はないか
　・実態労働時間の把握がなされない社員（裁量労働・管理監督者等）の労働時間管理はどのように行われているか
　・女性管理職の割合
　・評価制度・人材登用制度は適正に機能しているか
　・教育制度は適正に機能しているか
③採用と定着の課題
　・直近3年の離職者数と離職理由
　・平均勤続年数（男女別）
　・育児介護休業・休暇等の利用者数（男女別）
　・採用者の男女比率

資料出所：著者作成

労務管理を担当している部署でのルーティン業務としていくようインフラを整備するとよいでしょう。

　こういった雇用情報公開により、無名でもキラリと光るいい会社、真に働きがいのある職場・企業は「見える化」さ

図表12　若者雇用促進法に基づく情報提供項目

〈情報提供項目〉

(ア)	募集・採用に関する状況	直近３事業年度の新卒採用者数・離職者数
		直近３事業年度の新卒採用者数の男女別人数
		平均勤続年数
(ア)の参考値として、可能であれば平均年齢についても情報提供してください。		
(イ)	職業能力の開発・向上に関する状況[※1]	研修の有無及び内容[※2]
		自己啓発支援の有無及び内容 ※教育訓練休暇制度・教育訓練短時間勤務制度がある場合はその情報を含む。
		メンター制度の有無
		キャリアコンサルティング制度の有無及び内容 ※セルフ・キャリアドック（定期的にキャリアコンサルティングを受ける機会を設定する仕組み）がある場合はその情報を含む。
		社内検定等の制度の有無及び内容[※3]
(ウ)	企業における雇用管理に関する状況	前年度の月平均所定外労働時間の実績
		前年度の有給休暇の平均取得日数
		前年度の育児休業取得対象者数・取得者数（男女別）
		役員に占める女性の割合及び管理的地位にある者に占める女性の割合

[※1] 制度として就業規則等に規定されているものでなくても、継続的に実施していて、そのことが従業員に周知されていれば、「有」として構いません。
[※2] 研修の内容は、具体的な対象者や内容を示してください。
[※3] 業界団体等が実施する検定を活用する場合も「有」として構いません。

資料出所：厚生労働省「若者雇用促進法のあらまし」

図表13　女性活躍推進法に基づく情報公表項目

【情報公表項目】
1　採用
・採用した労働者に占める女性労働者の割合（区）
・男女別の採用における競争倍率（区）…①
・労働者に占める女性労働者の割合（区）（派）
2　継続就業・働き方改革
・男女の平均継続勤務年数の差異…②
・10事業年度前及びその前後の事業年度に採用された労働者の男女別の継続雇用割合
・男女別の育児休業取得率（区）
・労働者の一月当たりの平均残業時間…③
・労働者の一月当たりの平均残業時間（区）（派）…③
・有給休暇取得率
3　評価・登用
・係長級にある者に占める女性労働者の割合
・管理職に占める女性労働者の割合
・役員に占める女性の割合
4　再チャレンジ（多様なキャリアコース）
・男女別の職種又は雇用形態の転換実績（区）（派：雇入れの実績）
・男女別の再雇用又は中途採用の実績…④

【留意点】
・（区）の表示のある項目については、雇用管理区分ごとに公表を行うことが必要。ただし、属する労働者数が全労働者のおおむね1割程度に満たない雇用管理区分がある場合は、職務内容等に照らし、類似の雇用管理区とまとめて算出して公表して差し支えないこと（雇用形態が異なる場合を除く）。
・（派）の表示のある項目については、労働者派遣の役務の提供を受ける場合には、派遣労働者を含めて公表することが必要。

資料出所：厚生労働省「（女性活躍推進法に基づく）一般事業主行動計画を策定しましょう！」

れ、求職者や一般消費者の目に届きやすくなることが期待されます。採用活動では有利になりますので、人材不足が懸念され続けるかぎり看過できない取組みといえ、「やらざるを得ない」という消極的姿勢ではなく、自社の競争力強化のための手段として前向きに捉え、重要雇用情報として活用していきたいものです。

6　導入可能な制度（労働時間の大枠）の設計

　前記5までの取組みによって把握した情報を参考資料として、自社のコンセプトに適合する制度でかつ導入可能なものをプロジェクト会議で検討します。小さなものなら残業ゼロ制度（所定労働時間は従来のままで残業をなくする）から、大きなものなら自由出勤制度（出勤するかしないか・出勤した日に何時間勤務するかをすべて労働者の自由に任せる）まで幅広く選択・検討の余地があります。新しい制度ですから、「こうでなければならない」という制約はありません、自由な発想で自社コンセプトに適合したワークルールをデザインしましょう。

　自由にとはいっても、新制度の導入は、企業経営にとって相当に大きな意義をもつものであることを認識しておかなければなりません。多くの企業は新制度導入までは正社員とその他（非正規社員）でまったく別のワークルールにより働き

方を決定してきています。そのため、両者間には大きな処遇差が横たわっていることが多いです。正社員と非正規社員とでは、採用から配置（転換）、仕事の内容や配分、教育、賃金、雇用契約の終了まですべて異なる雇用管理をしているはずです。ですので、正社員と非正規社員のワークルール間の整合性を意識しておらず、両者はリンクしないものであることがほとんどです。

「週４正社員」制度は、「正社員⇔その他（非正規社員）」に２分化されたワークルールの外で別個のものとして作るのではなく、正社員とその他（非正規社員）の間に置かれたルールとして作っていくべきものです。ですので、リンクしない制度間の整合性をとっていくという作業も行いながら策定することになります。従来からある人事制度にも手が入ることがありますので大きなインパクトがあります。

では具体的に、下記①〜②の労働時間の制約方法について検討してみましょう。

①労働時間の総枠（図表14）を決める

例）

- 週所定勤務時間および勤務日数を維持したまま、時間外労働を免除する
- 週所定勤務時間（たとえば週40時間）を維持したまま、勤務日数を削減する
- 週所定勤務日数（たとえば週５日）を維持したまま、勤

図表14　労働時間の総枠

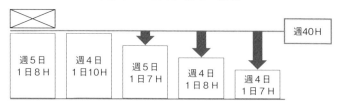

資料出所：著者作成

　務時間数を削減する
・勤務日数を減らし、併せて週所定勤務時間数も減らす
　（たとえば週32時間）
・勤務日数を減らし、さらに1日の勤務時間数も減らす
　（たとえば週28時間・多段階など）

②労働時間の制度を決める
・労働基準法の原則どおりのルールで行う
・フレックスタイム制を活用する
・1カ月単位の変形労働時間制を活用する
・3カ月・6カ月・1年などの単位での変形労働時間制を活用する

③所定外労働の考え方を決める（社員判断による残業）

　時間限定正社員のワークルールの適用を受ける社員のなかには、時間外労働により結果的にフルタイム正社員と同じ程度の労働をする人が出てくる可能性があります。たとえば、週4日が所定勤務日数で、毎週のように休日出勤してしまう

ケースなどです。このような事態に陥ってしまうと、せっかくの新制度はカタチだけのものと評価されかねません。そこで、所定外労働の考え方についても次のように会社のスタンスを決めておく必要があります。

A）原則認めない
B）一定の手続きを経て承認された場合にのみ認める
C）現場の判断で原則認める

著者は、週4日勤務のよさの1つとして、繁忙期に残業できる余裕幅がフルタイム正社員より大きい点をあげていますので、所定外労働をまったく認めないことはこの制度のよさの1つを失うと考えています。ただし、不干渉に所定外労働を認めることは好ましくありません。「B）一定の手続を経て承認された場合にのみ認める」というマネジメントを介在させる方針が好ましいでしょう。

また、所定外労働を一定の条件の下で認める場合は、所定時間外・休日出勤時に支給される賃金の割合についても取り決めをしておかなければなりません。「所定外＝1.25倍」などの割増賃金を支給するルールをそのまま時間限定正社員にも適用させてしまうと、フルタイム正社員の所定月給よりも高い賃金を支払うことになってしまいます。こういった点も、従来のパート、アルバイト等の非正規社員では、極端に賃金処遇に差があったなどの事情から問題となりにくかった部分で、見落としがちなところです。賃金設計については、

後述します。

④所定外労働の考え方を決める(上長判断による残業)

前記③では、社員の判断による残業を認めるかどうかの方針について触れましたが、会社側からの残業指示についてのスタンスも決めておかなければなりません。まず、短時間正社員に残業命令をすることがあるのかどうか。する場合は上限時間の取り決めも行っておきます。また、残業命令をしない場合は、突発的な業務が発生したときにどのようにフォローするのかも決めておかなければなりません。たとえば、チーム制にして業務を共有する、多能工化しておく、フォローする上司を決めておく等です。

7　細則の決定

労働時間の制約の枠組みの方向性が決まったら、その周辺に発生するルールについて決定します。決めなければならない項目は多岐にわたりますので、制度開始当初から100％理想的なものを目指す必要はありません。小さく生んで大きく育てます。制度導入後、定期に見直しをかけて徐々に自社の理念と制度コンセプトに適合したものにブラッシュアップしていけばいいのです。どのみち、新制度をスタートさせると当初想定していなかったような課題が必ず現場からあがってくるはずで、制度の修正や解釈が必要になるものです。制度

導入に1年間の期間がかかったら、運用が軌道に乗るまでに2年間はかかると考えてかかるのが無難です。新制度による働き方が会社の企業風土として定着するまではもっと長い期間がかかるでしょう。

　細則を決定する際は、下記①～⑤を含む内容を検討してみましょう。

①**対象者の範囲**
　・希望する社員をすべて対象者とする
　・応募した者のうち一定の審査に適合した者のみを対象者とする
　・なんらかの制約事情のある社員だけを対象者とする
　・対象部署を限定する
　・対象社員を限定する（地域限定社員であること、非正規社員からの登用のみとすることなど）

②**切替時期・回数・滞留期間制限**

　新たな正社員制度への登用または転換の時期・回数に制限をつけないことは、人材育成面や適正配置の面で企業経営に影響を与えることも考えられるので、必要があれば実施の時期、回数、いったん切替えした場合に再転換をするまでの長さにかかる制限（最低○年は同じ区分の社員でいること等）についても制度化しておくことが必要となります。なお、ここで条件をつけた場合であっても、育児介護休業法により保護されるべき社員については、法の規定を下回らない条件で

転換させることが必要です。

③昇進・昇格・福利厚生

　出産・育児を経験して職場復帰した後、仕事と子育ての両立はできるものの、昇進・昇格が望みにくいキャリアポジションになるという現象のことを、一般的に「マミートラック」と呼んでいます。優秀な女性社員たちのなかには、このマミートラック待遇に悩んだ末職場を去るというもったいない選択をしてしまう人もいます。出産前に描いていたキャリアプランとあきらかに異なる部署に配属され、「子育ても満足にできていない私。子どもを犠牲にしてまでこの仕事にしがみついている価値があるだろうか」と。これは1つの例ですが、時間制約型の新たな正社員制度を導入した場合、その制度を選択した際に、キャリアトラックの変更として昇進・昇格のスピードや上限に差をつけるかどうかが問題となります。有能な人材の定着という観点から十分に検討すべきテーマです。個人的には、勤務時間が限定されても発揮される能力が制限されるとは限らない、むしろその逆もあり得ると考えているので、差をつけないでほしいなと思っています。この考えに賛同できる業種・職種ならば、社員のモチベーションや生産性の維持向上の観点、新制度の活性化のためにも昇進・昇格についてフルタイム正社員と同等な取扱いとすることとしてほしいと願います。フルタイム正社員の人事制度をそのまま使い、資格等級の上限を設定、賃金テーブルのみ別

設定するなど調整をかけていくのが導入しやすい方法ではないかと思います。なお、人事制度上同等の取扱いとすることと決定した場合には、人事評価面談を実施する際に面談者となる管理職で評価にバラつきが出てしまわないよう意識統一を図っておくことも求められます。

　福利厚生に関しては、パートタイム労働法12条において、すべてのパートタイム労働者に対して一定の福利厚生施設の利用機会を与えることを配慮義務と位置づけています。この趣旨からいっても、その他の福利厚生に関しても差をつけないことが望ましいでしょう。

④**業務内容の制限について**

　時間外労働の考え方のほか、出張やイベント的業務をさせることがあるかどうかも決めておく必要があります。本人のスキルアップの機会、モチベーションの維持向上の観点から、あらゆる制約をかけていくことは仕事経験への制約になり、かえって本人の「働きがい」を奪うことになることもあります。バランスを取る仕組みとしたいところです。そこで、出張等もある程度は予定しておき、ただし、できる限り余裕をもって事前にスケジュールが立てられるようにマネジメントすることが好ましいと思えます。

⑤**副業・兼業のあり方**

　短時間勤務をあらゆる社員に選択可能とすると、必ず出てくる問題が、副業・兼業を許容するのかどうかです。社員は、

労働契約によって定められた勤務時間にのみ労務に服するのが原則ですから、勤務時間外の自由な時間について、副業・兼業などの二重就職を理由なく全面的に禁止することは特別な場合を除き許されないものです。しかし、一方で、副業・兼業は会社に対する労務提供に支障が生じることや、会社の対外的信用や体面を傷つける場合があり得るので、社員の兼業について会社の許可を必要とするルールを設けておくことで不適切な兼業が横行することを排除しておくべきです。

　第4章で取り上げたL社は、そもそも社外での職業経験から得られるメリットに着目し、兼業・二重就職を歓迎し推進する意図をもって短時間正社員制度を策定しています。それを望まないならば、前記7の①の対象者の選定で兼業希望による応募者を排除するような仕組みにしておく必要があります。それでも、自由時間が増えることとなった社員が副業・兼業をしてしまう可能性は排除できませんから、就業規則において社内手続を経ずに兼業をしたこと、労務提供や事業運営または会社の信用・評価に実質的に支障が生じるおそれのある兼業については、懲戒の対象とすることを明記するなど、企業秩序維持のためのルールも併せて講じておくことが必要になります。（兼業・副業については第7章で詳細に触れます）。

8　賃金設計上の留意点

　担う職務が同じなら、賃金水準は週5日勤務と比較して均等な処遇にしたいところです。同一労働同一賃金を原則としたうえで労働時間が短縮された分だけ賃金を削減する「正比例ルール」は是非とも確保したい水準です。これは、従来の、正規・非正規の二分化された賃金処遇と一線を画するところです。短時間であっても正社員ですので、仕事の量は減っても質は正社員レベルが求められることを対象者にもよく理解してもらう必要もあります。

　もし、正比例ルールとしない場合は、その理由を明確にしておかなければなりません。たとえば、労働時間が制限されているために必要な職務経験が積む機会に乏しく週5日勤務正社員とは同じような成長ができないなど。この考え方は、内閣府働き方改革実現会議から発表された「同一労働同一賃金ガイドライン案」（巻末資料参照）にも示され、基本給、昇給、各種手当について例示されています。

　さらに、業種や部門は限られるかもしれませんが、残業時間短縮の達成度合いに応じて昇給させるという賃金制度設計も検討してみたいものです。

　たとえばM社では、3年計画で①年収20％アップ、②残業時間50％ダウンの目標に取り組むこととしました。M社の計

画では、残業時間の削減と月給の引上げが連動しており、労働時間の短縮が達成できればできるほどより高い評価が得られ昇給に反映される仕組みになっています。また、時間短縮の目標を設けると、自分の仕事だけをこなして周囲への配慮をせず帰社してしまう人が出てくることが課題となることが多いのですが、M社は工夫をしたもので、後輩の指導育成についても評価対象とし、チームワークを疎かにしないようにしています。

　また、M社では、残業時間を削減した分ボーナスが増額される仕組みを作りました。これにより残業しなくても年収が維持されるようになり、結果的に削減された残業時間分生産性が向上することになりました。

　業種によって導入しやすい業種とそうでない業種があるとは思いますが、これらの例のように、賃金制度を設計するにあたっては、「正比例ルール」をベースとしつつも、短時間で高い成果が上がっている場合には、その分を給与に反映させるような、一歩踏み込んだルールの策定に知恵を絞りたいところです。

第5章　わが社で導入するには　【制度設計その1】

Column

母からのメッセージ

　現在妊娠8カ月で本稿を執筆中の著者。初めての出産を目前に、出産後の働き方について多少なりとも不安を抱いていました。しかし、母からの「子育てしているときが一番働ける時期だよ」というメッセージでいけるかも！と思えるようになったのです。母の意図するところは「子育て期＝体力的・精神的に一番充実している年代」という意味かと聞くと否。「子どもがいると、働く時間は圧倒的に制限されるから、その限られた時間を最大限に工夫して働こうとするのよ。自分でも想像のつかないほどの高い生産性・パフォーマンスを発揮できるわよ。仕事内容・成果は労働時間の長短によらない、個人の意識によるところが大きいことを育児中に痛感した。実際、わたしが一番いい仕事をしていたなと思うのは子育てしている時期だったと振り返るわ」と母はいいました。著者の母は1937（昭和12）年生まれ、男女雇用機会均等法以前の女性です。男性社会のなかでタフに働いてきた人でもあります。この昔話を聞いて、大いに勇気づけられましたし、「週4正社員」制度の可能性の広がりを感じると同時に、「いかに個人の意識にアクセスして高い生産性を実現していく仕組みにするか」をさらに深く探究していかなければならないなと襟を正す思いがしたところです。

〈注〉上記は2016年8月の話です。

第6章
わが社で導入するには　その2
【募集から開始まで】

　制度導入までのプロセス例は以下のとおりです（図表15）。

　第5章では、「週4正社員」制度導入にあたって検討するべき項目をピックアップしました。第6章では、就業規則条文例の紹介と、社内周知・募集選考等、社外への広報、情報共有のアイデア、導入後のフォローについて解説します。

1　制度策定にあたって求められる基本的視点

　コンセプトが明確になると、それを具現化する制度の枝葉もデザインされていきます。自由な発想に基づいてデザインされたワークルールは、往々にして労働基準法を初めとする労働関係諸法令に適合していない部分を含むものであったりします。就業規則に落とし込んでいくにあたっては、法令違反が発生しないよう関係法規に照らして問題がないかを点検する必要があります。なお、法令違反が生じないことに配慮することは、現場で実際に働く人が判断に迷わないような

第6章 わが社で導入するには その2【募集から開始まで】

ルールである配慮ができることにもなります。

図表15 制度導入までのプロセス例

	プロジェクト会議	社内・外
4月	プロジェクト会議の発足 コンセプトの決定	社員アンケート・ニーズヒアリング
5月	現状把握	
6月		アンケート結果フィードバック
7月	制度設計	
8月		制度設計にあたっての労使の話し合い・意見聴取
9月		
10月	就業規則の策定	
11月	制度の社内周知	広報・中途採用求人開始
12月	募集開始	制度運用にあたっての労使の話し合い・意見聴取
1月		
2月	選考審査・対象者決定	管理職研修の実施
3月		一般社員向け研修の実施
4月	新制度による勤務開始	

資料出所：著者作成

2 就業規則の策定

「週4正社員」制度を就業規則に規定します。実際に運用

していくにあたって、適用を受ける社員や現場の上長は就業規則の定めに従うことになりますので誤解を生じないような取り決めをしておきます。

ここではいくつかの策定例を、(1)**社員区分の転換および時期**、(2)**労働日・労働時間等**、(3)**制度目的**の3つの項目について例示します。

(1) 社員区分の転換および時期にかかる規定例

①対象者は限定し、随時転換可能とするケース

第○条 （社員区分の転換）
1．次のいずれかの事由に該当する場合に、正社員から「週4正社員」への転換を希望する者は、原則としてその事由が発生する3カ月前までに所定の申請書およびレポートを会社に提出しなければならない。（申請書サンプル 176頁）
　①育児または家族の介護が必要なとき（育児介護休業規程に定める短時間勤務を行う場合は除く※）
　②「学び直し」による自己啓発を希望する場合
　③ボランティア等社外での活動を希望する場合
　④その他、「週4正社員」として勤務することで達成したい目標があり、これを会社が合理的であると認めたとき
2．前項の申込みを受け、会社は選考を行い、その結果を人事通知書により通知するものとする。
3．本条に定める規定による「週4正社員」への転換は、会社が認める3カ月以上3年以内の期間とする。ただし、会社が必要と認めるときは、期間の定めをせずに「週4正社員」として雇用することがある。
※育児・介護休業法に定める水準を優先させる必要があるため
---

②正社員からの転換だけでなくパートからの登用も想定し、時期は年1回などで統一させるケース

> 第○条 （社員区分の転換）
> 1. 第○条に定める社員区分のうち、正社員から「週4正社員」へ又はパートタイマーから「週4正社員」への転換を希望する者は、毎年○月○日までに所定の募集申込書およびレポートを会社に提出しなければならない。
> 2. 前項の申込みを受け、会社は○月○日までに選考を行い、その結果を人事通知書により通知するものとする。

(2) 労働日・労働時間等にかかる規定例

①週4日勤務で固定とする場合

> 第○条 （休日）
> 1. 会社の休日は、次のとおりとする。
>   ①日曜日
>   ②土曜日
>   ③国民の祝日
>   ④その他会社が指定する日
> 2. 前項に定める休日数は年間119日（うるう年は120日）とする。ただし、「週4正社員」の休日は、年間156日（うるう年は157日）とし、年間カレンダーにより各月の休日数を定める。

②労働日数および時間に幅をもたせる場合

> 第○条 （短時間正社員の労働時間等）
> 1. 短時間正社員は、年間の所定労働日数を150日以上246日以内、所定労働時間を900時間以上1,722時間以内の範囲で個別契約により定めるものとする。

③フレックスタイム制による場合

> 第○条 （短時間正社員の労働時間等）
> 1．短時間正社員の労働時間は、1日標準6時間以上7時間以内で個別契約により定めた時間とし、始業および終業の時刻は、社員の決定に委ねる。
> 2．清算期間中の勤務すべき総労働時間数は、1日の標準時間に清算期間中の所定労働日数を乗じて得た時間とする。

(3) 制度目的にかかる規定例

新たなワークルール策定にあたってのコンセプトも就業規則に規定してはいかがでしょうか。「働きやすさ」をワガママが通る制度だと誤解してしまわないように。「働きがい」にも意識が向くようにします。

> 第○条 （目的）
> 1．本制度は株式会社○○の「週4正社員」勤務に関する取扱いについて定めるものである。
> 2．この規程に定める制度により、社員の仕事と仕事以外の時間の充実を図り、より働きがいを感じつつ働き続けることができる職場環境を形成することを目的とする。
> 3．制度を利用する社員は、会社と他の社員との理解と協力が得られるように努力しなければならない。
> 4．制度を利用しない社員も、同制度が活性化することにより、より働きがいのある職場環境が形成されるよう協力しなければならない。

(4) その他の規定例

「週4正社員」を初めとする多様な正社員をワークルール

第6章 わが社で導入するには その2【募集から開始まで】

として策定する際に必要となるその他の規定についての規定例です。

第○条 (社員の定義)
1. 従業員の定義は次のとおりとする。
   ①正社員:期間の定めなく正社員として雇用される者で労働時間、職務の内容及び勤務地のいずれにも制約なく会社の基幹的業務に携わるもの
   ②短時間正社員:期間の定めなく短時間正社員として雇用される者で労働時間について一定の制限を設けられているもの
   ③契約社員:1年以内の期間を定めて契約社員として雇用される者
   ④パートタイマー:パートタイマーとして雇用される者で主として補助的業務に従事する者
   ⑤嘱託社員:定年退職後、嘱託社員として再雇用される者または60歳以降に新たに嘱託社員として雇用される者
2. 本規則は前項の従業員に適用する。ただし、前項2号から5号の従業員について別に定める規則または雇用契約書により特約を定めた場合はその定めによる。

第○条 (年次有給休暇)
1. 契約労働日の80%以上出勤した従業員には、週所定契約労働日数に応じて下表に定める年次有給休暇を付与する。

週所定労働時間	週所定労働日数	年間の所定労働日数(週以外の期間によって労働日数が定められている場合)	雇入れの日から起算した継続勤務期間の区分に応ずる年次有給休暇の日数						
			6カ月	1年6カ月	2年6カ月	3年6カ月	4年6カ月	5年6カ月	6年6カ月以上
30時間以上			10日	11日	12日	14日	16日	18日	20日
30時間未満	5日以上	217以上							
	4日	169日〜216日	7日	8日	9日	10日	12日	13日	15日
	3日	121日〜168日	5日	6日	6日	8日	9日	10日	11日
	2日	73日〜120日	3日	4日	4日	5日	6日	6日	7日
	1日	48日〜72日	1日	2日	2日	2日	3日	3日	3日

2. 年次有給休暇は、特別の理由がない限りシフト決定日前までに、所定の手続により上長へ届け出なければならない。
3. 事業運営に著しく支障がある場合は、指定した日を変更すること

がある。
4. 出勤率の算定にあたっては、年次有給休暇、産前産後の休業の期間、育児休業期間、介護休業期間および業務上の傷病による休業の期間は出勤したものとして取り扱う。
5. 年次有給休暇は次年度に限り繰り越すことができる。
6. 年次有給休暇は、契約労働日以外の日について取得することはできない。
7. 年次有給休暇を取得した日については、月給控除は行わず契約労働時間を労働した場合に支払われる通常の賃金を支給する(ただし通勤手当は除く)。

3 社内周知・募集・選考・適用開始

就業規則を策定したら、社内に周知し応募者を募りましょう。「週4正社員」制度を活性化させるためには、就業規則を周知させるだけでは十分な理解が得られないことも想定されるため、次のような工夫を行います。

(1) レポート記載例の紹介

新制度のワークルールを定めた就業規則を策定するだけでは、制度は利用されません。申出先の担当部署を明確にすること、申出方法を明確にすることが少なくとも必要となります。申請書の社内様式(フォーマット)を作成し就業規則と同じように周知します。これがないと、実際に制度の利用希望者が発生したときに「どのように応募すればよいでしょうか?」と担当部署に質問が寄せられるか、利用希望者はどの

ように申出ればよいかわからず手をあげられないままになってしまいます。また、レポートの概要を紹介することで、「なるほど。このようなケースで転換の申請をすることができるのだな」と理解されやすくなり、制度の利用が促進されます。

(2) ポスターの掲示

　制度の開始を知らせるポスターを作成し、これを社内に掲示している会社もあります。

(3) 社内報などでの告知

　新しいワークルールを策定したことを社内報で告知し、適用者インタビュー等により社内広報している会社もあります。なお、選考などの手続を経て適用を受けることとなった社員には、「人事通知書」または「労働条件変更確認書」により、書面で契約内容の確認と新たな労働条件の明示を行うことが求められます。労働条件について労使間で曖昧なままになっている点があると、トラブルの原因になりかねませんので、怠らずに書面を取り交わしておくべきです。

　たとえば、週4日勤務で1日の所定労働時間が7時間である場合、年次有給休暇の付与日数は通常が当初10労働日であるところ、7労働日分付与されていれば労働基準法上は足りることになります（比例付与：労働基準法39条3項）。労働基準法に定める水準での付与とする場合、従来水準の年次有

給休暇日数が与えられないことになります。このように就業規則にはルールが明記されていても、本人の認識を下回る労働条件となる事態も起こり得ます。比例付与のルールにより年次有給休暇の付与日数が目減りするのは合理的なことだとは思いますが、事前に十分な説明を行ったうえで適用開始とするよう留意したいところです。

4 社外への広報

「週4正社員」制度の策定および導入は、企業にとって有能な人材の採用面では高い訴求力を発揮します。先行企業も一様に採用面でメリットがあったとしています。ですので、社外への広報もぜひ行っていただきたいと考えます。

LGBTフレンドリー企業宣言をした岐阜県にあるN社では、「わが社は地方にある小さな会社であるにもかかわらず、この宣言をプレス発表してから全国各地から応募がくるようになった」といいます。LGBT（性的マイノリティー）である当事者の人からの応募だけでなく女性の応募者も急増したのだそうです。働く環境に対する企業の姿勢を示すことにより、「だれもが働きやすい職場」だとPRすることができた結果ではないでしょうか。

さて、学生たちは、就職活動をするにあたって「仕事のやりがい、職場の雰囲気、自分のやりたいことにチャレンジで

きるかどうか」を企業選びの際に重視していることが大手求人サイト運営会社の調査結果からみてとることができます。「週4正社員」制度を1つの労働条件として示すにとどまらず、企業の「働き方に対する基本姿勢」として示すことで、

・わが社での仕事のやりがい
・わが社の職場の雰囲気
・わが社の社員の輝く姿

を求職者に伝えやすくなるはずです。

　著者が経営する社労士法人でも、「週4正社員」制度は対外的にインパクトのある施策として映っているようです。採用募集には有能な応募者が集まってきますし（なかには単に楽な仕事に就きたいと思って応募してくる人も紛れ込んでいるようですが）、取引先からの協力や賛同、共感を得ていることも実感しています。社会的に意義のある取組みにチャレンジしている姿勢が評価を得ていると自負しています。

5　制度導入後のフォロー（情報共有のアイデア）

　「週4正社員」制度下においては、「同じ時間を同じ場所で過ごさない」ことが定例的に発生します。むしろ、同じ職場の単位で全員が揃うという機会はあえてそういった日・時間を作らない限りありません。そのため、情報共有の工夫をすることが求められます。たとえば、町内会で「回覧板」とい

うものがありますよね。共有しておきたい情報を紙媒体にして町内会の所属世帯に回すというものですが、これと同じようなことを会社でも行うことになります。紙媒体の回覧形式は確実ですがスピードに欠けます。会社にマッチしたアイデアが求められます。

(1) **掲示板**

　製造業のO社では、休憩室に大きなディスプレイ掲示板を設置しました。ここに、朝礼で発信された情報を掲示し、画面切替えで直近1週間分の朝礼情報が順次映し出されるようにしています。掲示板に紙を貼り出しておくのでもいいのでは？と思いましたが、「ディスプレイのほうが社員はよく見てくれる。情報を浸透させるための工夫です」とのこと。O社は全社員で共有しておかなければならない情報を朝礼で伝達・共有しているそうですが、朝礼には出席しない時差出勤者やその日休みの社員に向けてディスプレイ掲示板で情報発信しているのだそうです。なるほど、たしかに若い世代などはとくに紙媒体よりも電子媒体のほうになじみがあり、ディスプレイ画面に映し出されたメッセージ・伝達事項のほうが目が行きやすいようです。

(2) IT活用

① CRMシステムの活用

　CRM（Customer Relationship Management：顧客関係管理）は、顧客とのやり取りをシステム上に記録しておいて、次に顧客との接触が発生した際により密接なコミュニケーションを取ることにより顧客満足度を向上させ、売上げの拡大と収益性の向上をめざす経営手法です。身近な例ですと、コールセンターの電話口で、前回の注文内容や自分の好み、あるいはクレーム内容などについてしっかり引継ぎができているな、と感じたことはありませんか？CRMによる管理をしているからでしょう。

　このようなシステムは、取引先や顧客を１人の担当者が受けもつ場合には、必要ないものですが、「週４正社員」制度を導入する場合には、担当者が不在となることがありますので活用していくことを検討したいものです。

　活用の仕方はさまざまで、デジタルに頼らないなら昔の大福帳、いまでいう顧客台帳のようなものを作るのもCRMといえますし、ITを駆使したさまざまなCRMシステムの汎用版が出回っていますので、これらを利用することが考えられます。

②社内向けの情報共有ITツールの活用

　グループウエアや社内イントラネット、社内ポータルサイ

トなどにより効率的な情報共有を進めている企業が増えています。いまや、いわゆる「ホームページ」は社外向け広報のみならず、社内向けの情報共有ツールとして広く普及しているのです。

　社内SNS、社内電子メール、スケジュール管理、ドキュメント共有のほか、稟議書の提出などのワークフロー、勤怠管理やテレビ会議もIT環境に移し替えている企業が増えています。このような環境を整備していくことは、「週4正社員」制度への適応のみならず、テレワーク・在宅勤務などにも応用がきく土台づくりとなります。

　ツールを導入する際は、利用する目的を明確にすること、使いやすい仕組みを構築する（または使いやすい汎用グループウエアを選択して導入する）こと、また、導入当初は社員も慣れていないため利用の徹底に留意することが重要です。

　全国に営業所をもっているP社では、社内コミュニケーションを向上させることを目的に、初めてグループウエア（社内SNS）を導入しました。当初は、ここに投稿するのは社長ばかりで社員からの反応も全くなく一方通行のコミュニケーションにへきえきして「止めてしまおうかと思った」こともあるのだそうですが、根気強く続けているうちに徐々に各営業所の社員も投稿するようになり、社内の連帯感が一段と増したといいます。「転勤や全社会議でもないかぎりは顔を合わせることのない地方の社員同士が、社内SNSを通じ

てコミュニケーションを取っているのはうれしいことだ」と社長は話しています。「札幌支店の○○です。先日は妻の出産にあたり、社員会からのお祝いの品をいただきありがとうございました！子どもはすくすく育っています」と赤ちゃんの写真画像付きで投稿されている画面や、「沖縄支店に出張に来ました！」と遠方の支店の社員と現地社員との記念撮影の様子が投稿されています。業務とは直接関わりあいのないことですが、「働きがい」につながるITの活用方法だなと思います。ITにより、コミュニケーションのあり方も確実に変革していることを実感しました。

③タイムカードのIT化

勤怠管理システムもIT化が進んでいます。さまざまなシステムが開発され活用されていますが、たとえば、勤怠の打刻をiPadで行い、そのタイミングで必ず顔写真が撮影されるというユニークな勤怠管理システムがあります。このシステムでは、顔写真の撮影のほかに、他の社員に向けたメッセージ動画を録画することもできます。「○○先輩、明日のプレゼンがんばってくださいね！」と録画をすれば、指名された○○先輩が次回打刻をする際に（この場合は翌朝の出勤時でしょうか）メッセージビデオが自動再生されるという仕掛けです。顔写真が撮影されてしまうことから、本人は勤務の開始時に笑顔をつくる習慣をもてるようになるでしょうし、体調やメンタル面に不安がある場合には管理者が気づく

きっかけにもなります。導入企業の実働システムを見せていただいたら、導入後期間の経過とともに撮影された笑顔が格段によくなっている社員が多数いることが興味深いものでした。ITにも人間味が加味されてきているなと感じます。こういったツールを活用することで、すれ違いでなかなか顔を合わせることのできない同僚や部下の様子を画像付きで確認することができます。

(3) その他

①伝達会議

「顔を合わせると早い」

これだけIT環境が整備されつつある昨今、それでも「人と人が会うことの価値」を語る人は多いです。たしかに、メールやチャット、グループウエアでコミュニケーションは取りやすい環境になっているのでしょうが、情熱や呼吸感までITで完全に伝え合えるようになるには、現状はまだ「過渡期」だと著者は感じています。すると、やはり「会って話す」という会議体の価値・意義は当面消えないでしょう。

従業員数約5,000人のQ社では、日常的なコミュニケーションはITを存分に活用して遂行しており、同じ職場の全員が揃うことはまずありませんが、なんと毎月全社員を対象とした全社会議を開催しているそうです。ホテルの宴会場をぶち抜きで借りて実施するというのですから、かなりコストもか

第6章　わが社で導入するには　その2【募集から開始まで】

かっていることでしょう。それだけ「顔を合わせる価値」があるということですよね。社員全員が揃わない働き方を導入したら、全社員とはいわないまでも同じ職場の全員が揃う機会を意識的に作りたいものです。

②チーム制

　1つの職務を従来は1人で担当してきたという場合であっても、「週4正社員」制度を導入した場合には、チーム化することが求められるケースがあります。たとえば、「店長」の職務を担う人が「週4正社員」になる場合、店長が不在になる日が週に3日発生してしまうわけです。従来からも、年中無休営業をしている小売業や飲食業の現場では店長職にある人の長時間労働が問題となっています。これは、店長が不在になったときに対外的に責任をもてる人が存在しないことに1つの原因があります。店長が不在となったときに店長職を代行する「時間帯店長職」制度を導入しているQ社では、時間帯店長職という職位が社員の成長ステップにもなっており、店長職の予行演習としてよいOJTになっているとのことです。チーム制を導入することによって、責任を分散化することが可能になりますし、1人の社員に情報と責任が集中しない仕組みを作ることが可能です。

6 制度導入後のフォロー（マネジメント）

(1) 管理職のあり方を見直す

　各企業では、管理職といえども現業もこなすプレイングマネージャーが増えていることと思いますが、多様な働き方をする社員が増えていけば、管理職が十分にマネジメント能力を発揮することは必要不可欠な要素となります。

　企業によって実態は異なるでしょうが、管理職が部下の働きぶりに十分目を配ることができるように、管理職のあり方を見直すことが求められます。たとえば、R社では、従来はいくつかの現業業務と管理業務を兼務するマネージャー職をおいていましたが、現業業務の負担を減らし、管理業務により集中できるような環境を作り、それによって捻出された時間を、部下とのコミュニケーション（個別面談等）に充てることとしたということです。

　「週4正社員」に転換された後も、転換前と同じ分量の仕事を分担しているままだとすると、結局同じ量の仕事を短時間でこなさなければならないことになります。それが可能な業種で、かつ、それが適正に評価され処遇にも反映される仕組みであればよいのでしょうが、個々人の分担する仕事の量や遂行方法についてマネジメントする管理職の役割が、従来

よりも重要になってきます。

(2) 制度の理解を促す社内コミュニケーション

新たに導入された制度が当初から十分に機能することはまずありません。制度を育てていく必要があります。そのために、制度導入時のみならず、一定期間ごとに社内コミュニケーションの場を設け、制度の理解が進んでいくよう促していく必要があります。

その方法はさまざまで、経営トップからの繰返しの方針発表、社内報による情報発信、制度利用者からの情報発信などが考えられます。昼食休憩時に、「ランチタイム井戸端会議」なるものを実施しているR社によれば、「井戸端会議では、毎回話題にするテーマを決めて、そのテーマについてざっくばらんに社員間で情報交換をしています。業務会議ではないので、議事録も取りませんし、単にコミュニケーションの場として活用しているのですが、こういったインフォーマルな場のほうが活発な発言が促されてコミュニケーションが強化されると感じています」とのことです。

どうしても、「長時間働いている＝会社に貢献している／短時間＝貢献度が低い」という固定概念から脱却できない人も多いもので、「週4正社員」は肩身の狭い思いをすることもあるかもしれません。多様な価値観を乗り越えるためには、コミュニケーションをより強化していくことによって意

識変革を地道に行っていく必要がありそうです。

(3) 制度の定期的な見直し

　新たな制度は、実施から1年後など定期に見直しをかけていきます。制度を策定し、公開した時点で次回の改定時期の予定をつけておくことが有効です。そのために下記規定例を就業規則策定時に追加しておくとよいでしょう。

（規定例）
附則○条　この規則は、平成○年○月○日から施行する。施行後1年以内に労使協議のうえ改定するものとする。

Column

2035年の働き方とは

「かつて、インターネットやモバイルがなかった時代には、多くの人が同じ部屋に同時に集まり一緒に仕事をしなければ、ほとんどの作業が進まなかった」

これは2016年8月に厚生労働省「働き方の未来2035：一人ひとりが輝くために」懇談会がまとめた報告書に書かれている2035年の未来予想図の一幕です。過去30年の間に、モバイル通信速度は1万倍向上しており、さらに2035年には現在の倍の速さの高速モバイル通信環境があらゆる人に提供されることが予想されているそうです。

それと同時に、AI（人工知能）、VR・AR・MR（仮想現実・拡張現実・複合現実）の技術革新により、遠隔にいる同僚があたかも同じ会議室にいるようにして会議を開催することができるようになったり、定型的な業務でかつ多少の間違いが許容されるような類の業務に関してはロボットがこれを担うことになるといいます。Windows95が発表されインターネット時代の幕が開いたのがいまからたった20年前だと思えば、20年後の働き方にさらに大きな変革が起こることは想像を超えることではないですよね。

「物理的に同じ空間で同時刻に共同作業することが不可欠だった時代は、そこに実際にいる『時間』が働く評価指標の中心だった。だが、時間や空間にしばられない働き方への変化をスムーズに行うためには、働いた『時間』だけで報酬を決めるのではない、成果による評価が一段と重要になる」とも同報告書は語ります。

やはり働き方の改革、新たなワークルールを模索することは急務であり、その第一歩が「週4正社員」制度かなと感じています。

Column

一億総活躍と人口ピラミッド

　最近、著者の身近にカンボジアに進出する日本企業がたくさんあります。農業支援や教育支援など、純粋な営利活動を行うだけでなく社会的活動を行う企業家も多いです。なぜカンボジアに向かうのですか？と尋ねてみると、「まるで40年前の日本を見ているようで懐かしいし、国にエネルギーがあふれている」と言う人もいれば、「カンボジアは人口ピラミッドが円錐型、向こう30年間は経済成長が約束されている国なんだ」と言う人もいます。

　ポル・ポト政権下の悲しい歴史の産物である「カンボジア大虐殺」により多くの生産人口が失われた結果でもあるのでしょうが、たしかに25歳未満人口が全人口の50％以上を占めているカンボジアは、日本と比較すると国自体が「若者」といえそうです。エネルギーがみなぎり経済成長が著しいことにも納得がいきます。一方、日本の人口ピラミッドは釣鐘型形状を経ていまや"壺型"と形容されており少子高齢化の真っただ中にあります。2015年9月時点で高齢化率は26.7％と過去最高（総務省「人口推計」）、諸外国と比較しても突出しています。2035年には高齢化率は33.4％になることが予測されていますから、国としては「成熟した大人」かもしれません。そうすると、国全体が経済成長をめざしてモーレツに働き消費するという段階から、あらゆる人が「足る」を知り、各自のもてる能力に応じて力を発揮しあう「一億総活躍社会」をめざすことにも納得がいくところです。

第7章
空いた時間をどう使う？
パラレルキャリア解禁へ

　第6章までは、「週4正社員」制度導入にあたっての募集から開始までの一連の流れについて説明しました。第7章では、短時間正社員へ転換する理由が育児や介護などの事情によるものではない場合、空いた時間（＝自由時間）をどう使うか、それを企業側がどう規制（または推進）することができるのかについてみていきます。

1　週休3日で得られるもの

　「週4正社員」制度により得られるもの、それはプラス1日の自由時間です。これをどのように使うかは従業員の自由裁量です。どのように活用したいかを広く一般労働者に聞いてみると実にさまざまな回答がありました（著者調べ）。

　活用の類型は大きく3つに分けられます。

⑴　ライフバランス型

　ライフバランス型は下記のような回答がありました。
・育児との両立のため自由時間はない
・子どもとの時間をもっと確保したい
・親の介護
・ホッと一息つく自分だけのカフェ時間を確保したい
・掃除や庭の手入れ等、家のことをもっとしっかりやりたい
・親孝行したい　等

　育児や家族介護を担っている社員は、実態としては「週7日労働」しているようなものです。平日は会社、週末は家族のために働き、自分の時間を確保する暇がないのです。そうすると、プラス1日の自由時間は、やっと確保できる自分だけの時間です。そのため、「ホッと一息つく自分だけのカフェ時間を確保したい」の回答は「⑴ライフバランス型」に分類しました。

⑵　余暇・新しいライフスタイル型

　余暇・新しいライフスタイル型は下記のような回答がありました。
・週末田舎暮らし（デュアルライフ）をしたい
・ゴルフの練習をしたい
・畑仕事をしたい

第7章　空いた時間をどう使う？　パラレルキャリア解禁へ

- 地域の合唱団に入りたい
- 平日空いているお出かけスポット（美術館など）に行きたい
- 休日を一定時期に集めて旅行したい
- ボランティア活動をしたい
- 毎週釣りに行きたい
- アトピー治療をして健康を取り戻すために運動したい　等

「ボランティア活動をしたい」は、「(3)能力開発・仕事型」にも分類することができるだろうと思います。本業で培ったノウハウをボランティアの現場で活かす、またその逆もあり得ます。仕事だけをやりがいとしてとらえることでは収まらない、枠にとらわれない多様な価値観をもつ人は今後さらに増えていくでしょう。そうすると、「余暇＝サボっている」という日本人らしい固定観念は薄まっていき、その反面「仕事＝苦役（⇒だからなるべく苦役からは解放されるべきで、余暇が多いほうがいい）」という固定観念も薄まっていってほしいと願っています。余暇の時間に得たものが本業を潤し、その人自身を潤し、地域社会を潤してくれるはずです。

(3) 能力開発・仕事型

能力開発・仕事型は下記のような回答がありました。
- 英会話を本腰入れて学びたい
- PCスキルを向上させたい

・大学に入り直したい
・起業したい
・自己啓発のための活動をしたい
・本業とはまったく異分野の業態でアルバイトしてみたい
・ふだん追いついていない仕事をしなくては……
・ブロガー・ユーチューバーとして活躍したい
・NPO法人を立ち上げて取り組みたい活動がある
・たまっている本を完読したい　等

　自身の能力開発に余念がない人も多いです。この場合に課題になるのが「企業は従業員の副業・兼業を認めてもいいのか？」という議論です。従来の一般企業は、従業員の副業・兼業を認めない姿勢を取ることが多かったはずです。

　そこで、以下では自由時間を副業・兼業に利用することについて検討するところから入りたいと思います。

2　そもそも副業・兼業は法的に可能か？

　労働基準法等をはじめとする労働関連諸法令において、副業・兼業を禁止する定めはありません。むしろ副業・兼業を想定した規定がみられ副業・兼業は可能というスタンスをとっています（**図表16**）。

　労働契約関係にある社員は、雇用契約上労働の義務を負っている時間についてのみ会社の指揮命令下に置かれるので

第7章 空いた時間をどう使う? パラレルキャリア解禁へ

図表16 副業・兼業に関連する法規

関連法規	概　要	趣　旨
労働基準法38条	事業場を異にする場合の労働時間通算に関する定め	2カ所以上で勤務することを前提とした規定
労災保険法7条	他の就業場所への移動を通勤として定義する	同上
労働者派遣法35条の4	年収が500万円以上である場合には日雇い派遣を認める旨の定め	派遣が副業であることを想定している規定

資料出所：著者作成

あって、私生活においても会社から拘束されるわけではありません。そのため、社員の立場としては副業・兼業は「可能」であると考えるのが原則なのです。近時の裁判例でも「労働者は雇用契約の締結によって1日のうち一定の限られた勤務時間のみ使用者に対して労務提供の義務を負担しその義務の履行過程においては使用者の支配に服するが雇用契約及びこれに基づく労務の提供を離れて使用者の一般的な支配に服するものではない。労働者は勤務時間以外の時間については事業場の外で自由に利用することができるのであり使用者は労働者が他の会社で就労（兼業）するために当該時間を利用することを原則として許さなければならない」とするものもあります（マンナ運輸事件・京都地裁平24.7.13判決、労

働判例1058号21頁)。

　ところが、就業規則等によって副業・兼業を禁止する服務規律条項を定めている企業は少なくありません。中小企業庁の2014年調査によれば副業・兼業を容認する企業割合はたった3.8％とのこと。ほどんとの企業が副業・兼業は禁止しているのが実態です。厚生労働省が示す「モデル就業規則」でも副業・兼業は原則禁止とされています※ので、とくに中小企業ではこれに従って自社ルールを策定しているところが多いのだと思われます。これは、副業・兼業によって本来業務における就労に支障を生じさせる等を前提にしたものと思われますが、その前提においては違法な定めではありません。

　では、副業・兼業を禁止するために必要となる具体的な事情とはどんなものでしょうか。ある研究会報告では、次の4つの事情が例示されています。

　①兼業が不正な競業に当たる場合
　②営業秘密の不正な使用・開示を伴う場合
　③労働者の働きすぎによって人の生命または健康を害する恐れがある場合
　④兼業の態様が使用者の社会的信用を傷つける場合
（「今後の労働契約法制のあり方に関する研究会報告書」（2005年9月15日）より）

　これら4つの例示された事情から、会社のスタンスとしては、副業・兼業を全面的に禁止することはできないけれども

無制限に許可することも好ましくないことが読み取れます。副業・兼業を行う前に社員に事前申請をさせ、その内容が前記の4項目に照らして問題がないかを審査し、そのうえで許可しまた定期的に審査を行うというマネジメントが必要です。

※厚生労働省のモデル就業規則は、内閣府「働き方改革推進会議」の提言を受けて早晩見直され、副業を原則可能とする記述へ変更する予定(2016年12月26日現在)

3 副業・兼業制度の整備

　副業・兼業を一律に禁止する規定をもっている会社は、許可制に切り替えることを急がれたほうがよいでしょう。副業・兼業は政府が推進する働き方改革の一環として位置づけられています。ダブルワーク志向の人が増えてくると、会社には秘密にしてダブルワークをするという人も出てくることが想定されます。社員に後ろめたい思いをさせないように、また、好ましくない副業・兼業が野放しにされないように次のような項目を定め許可制のルールを定めましょう。

①**副業・兼業に関する企業方針**
　・企業姿勢：積極的容認なのか／消極的容認なのか
　・認められない副業・兼業の態様

②**届出・許可の具体的方法**
　ア）事前申請をさせます。

申請書に含める項目は次のものを含むものとします。

- □ 兼業先との契約形態（雇用／業務委託／自営／委任（他社役員への就任等））
- □ 業務内容（CHECK：本業との競業関係・情報漏えいの恐れはないか・会社の信用失墜に結びつく内容のものではないか）
- □ 勤務時間（CHECK：長時間労働とならないか）

イ）社内審査を行います。

審査の基準は次のようなものを基準として決定します。

- □ 副業・兼業先での勤務時間と本業とのそれを合算して一定時間以内であること
  （たとえば月間70時間以内となる見込みである場合のみ許可など）
- □ 副業・兼業先での業務のために、本業において算定している時間外・休日労働時間を超えて割増賃金の支払義務が発生することとはならない働き方であること

※労働基準法では２以上の勤務先がある場合には労働時間を通算することとしていますが、通算した結果時間外労働となった部分の割増賃金をどちらの事業主が支払うのかについては判断が明確になっていないところがあります。複数の事業主が１人の社員の労働時間を共同管理するなどは現実的ではありませんし、それぞれの事業で労働時間管理も異なることも想定されます。（一方はフレックスタイム制、一方は１年単位の変形労働時間制など）です

ので、労働者からの報告を受けて自社には割増賃金の支払義務が発生しないことを前提として副業・兼業を認めることとしておかないと、未払い残業代のリスクを抱え込むことになってしまいます。

- ☐ 本業と競業しないこと
- ☐ 本業に影響を与えるような業務(深夜勤務・危険業務など)でないこと
- ☐ 健康状態が良好であること

ウ)審査結果の通知を行います。

許可/不許可について通知を行います。とくに不許可の場合には理由の説明を丁寧に行いたいところです。

エ)定期報告をさせます。

許可している社員に対しては、その後、一定期間ごと(毎月が好ましい)に報告をさせるべきです。報告させる内容は次のものを含むものとします。

- ☐ 勤務時間(本業での割増賃金が発生しない旨)
- ☐ 健康状態
- ☐ 業務内容(競業可能性について)

③その他(違反者は懲戒処分となる旨/人事評価上の取扱い等)

一律に禁止としている場合に副業・兼業の事実が発覚した場合に懲戒処分をなし得るかは個別の事案で判断が分かれるところでしょうが、制度として運用をしているにもかかわらず会社が定めている所定の手続を踏まずに副業・兼業をして

いた場合、懲戒処分対象となる旨を定めておくことで制度の実効性が高まることが期待できます。

また、副業・兼業の事実が会社に知られることで、会社での評価が低くなることを懸念する人が少なくないようです。人事評価上の取扱いとして副業・兼業の事実のみをもってマイナス査定することはない旨も明らかにしておくのがよさそうです。

さらに細かいことですが、現場では次のような点も問題となることが想定されますので取り決めておきましょう。

- [ ] 本業での勤務時間中に副業・兼業先からの電話・メールに対応してはならない旨(容認する企業もあります)
- [ ] 本業での残業命令について、副業・兼業を理由に拒否することができない旨(こちらも拒否可能としている企業もあります)

4 副業・兼業の積極的推進へ

副業・兼業のあり方は、新しい局面を迎えているといえます。原則禁止として一定の解除要件を満たした場合に例外的に認めるという姿勢から、積極的に副業・兼業を認めるという企業が増えつつあります。

第7章　空いた時間をどう使う？　パラレルキャリア解禁へ

(1) Ｓ社の事例

　第6章のコラムで取り上げた「働き方の未来2035」のメンバーにもなっていたＳ社の社長によれば、副業には次のようなメリットがあるといいます。
- 人材不足の解消
- 個人の収入総額の増加
- 生産性の向上
- マネジメント力の向上
- ベンチャー支援
- ベテランの再活躍
- イノベーションの創造
- 個人の自立促進

　Ｓ社が2012年から解禁している副業について上記のようなメリットをあげ、会社として副業・兼業を推進する姿勢を示しています。

【制度の概要】
- 対象はすべての正社員
- 副業開始にあたって原則会社への申告は不要。ただし副業の形態が他社での雇用の場合は申告が必要。
- 社名または商品ブランドを使用する場合は、事前に会社に申請し承認を得られれば可能。
- 本来業務への影響があった場合には、懲戒ではなくマイ

ナス評価により給与へ反映。

(2) Ｔ社の事例

　Ｔ社では、2016年２月に副業解禁を発表しました。会社の枠を超え、より社会へ貢献し自分を磨くための働き方ができる人材を育成することを目的としているとのことです。

　「企業の枠を超えた働き方、そして社外の人とともに働くことで、社内では得られない大きな経験をすることができ、本人の成長にもつながります。会社の枠を超えることで大きな成長につながり、自立・自走する人を育てることができると確信」した、とＴ社は自社ホームページで社外に向けても企業姿勢を発表しています。

【制度の概要】
- 対象は入社３年目以降の国内正社員（約1,500人）
- 希望する副業内容を、上司を通さずに直接人事部に申告し、面談を経て認められることが要件
- 募集期間を限定して開始した取組みで募集期間は終了している。2016年６月で60人程度が適用を受けている。

(3) Ｕ社の事例

　Ｕ社でも副業・兼業が解禁されていますが、Ｕ社の特筆すべき取組みは、各社員の社外での活動の成果を発表する機会が年に２回開催されていることです。本業での成果ではな

く、プライベートでの活躍ぶりを他の社員と共有できる場があるため、社員同士がより理解しあえチームワークが強化されるほか、本業への横展開などのキッカケとしても有意義な場となっているようです。

(4) パラレルキャリアという働き方・プロボノという貢献

副業というと、本業を補うようなイメージがありますが、複数の本業をもつ兼業＝複業という考え方が今後は広がっていきそうです。これを「パラレルキャリア」を呼ぶことがありますが、パラレルキャリアが脚光を浴びるようになったのはP.F.ドラッカーが著書『明日を支配するもの』で紹介したことが始まりのようで、これにより「副業・兼業は違法なことではない」ということを初めて認知するきっかけを得た人も多いのではないかと思います。

また、東日本大震災の後、企業は社員の時短勤務を推進しましたが、同時に、仕事のスキルを活かしてボランティア活動をするプロボノも広まりました。プロボノとは、職業上もっている知識・スキルや経験を活かして社会貢献するボランティア活動のことを指します。復興支援の現場やNPO法人の運営にあたってはビジネスノウハウに不足感があることが否めません。著者も本業とは別にNPO法人の理事をしていますが、本業で培ったノウハウが役に立っていると実感することが多々あり、やりがいが感じられます。著者のような

経営者や自営業者ばかりでなく、一般社員にも1つの会社の枠を超えて「働きがい」を追求することのできる環境を提供していくことが一億総活躍社会を迎えるいま、より求められるのではないでしょうか。

5　副業・兼業「解禁」宣言（制度化）のススメ

先日、某テレビ局の番組企画担当者から「パラレルキャリアを取り上げるにあたって取材協力してくれる人がいないだろうか」と打診を受けました。これに該当する人に複数依頼をかけたのですが、残念ながら取材に応じてくれる人はみつかりませんでした。その理由は「会社からは認められて兼業しているのだけれど、社内制度として確立しているものではないので取材を受けることに会社がいい顔をしない」と言ったものでした。

副業・兼業についてこれまで社員に対して明確な企業姿勢を表明していなかった企業は、新たなワークルール（「週4正社員」制度等）を導入するにあたり、副業・兼業「解禁」宣言をしてはいかがでしょうか（すでに、社内での長時間労働が是正できている会社の場合は「推進」宣言でもいいでしょう）。

前記2でも触れたように、本来、企業は社員の勤務時間外のプライベートな時間に介入することはできず、したがって

社員が副業・兼業していることを一律に禁止することはできないのです。副業・兼業「解禁」宣言することで、社内に改革のムードが流れるでしょうし、先に触れた3社の事例では、いずれも社外PRにも成功しており、有能な人材の引寄せ、社内人材の意識の高揚につながっていると考えます。

　制度化することで期待できる効果は、具体的には次のようなものです。

- 従来から副業を営んでいた社員の状況を把握することができ、より個別的密接的なマネジメントが可能となる。
- 副業によるリスクを把握し予防策を講じることができる
- 社員の社外での勤務も含めた総労働時間の把握ができ、健康管理上の指導が行き届くようになる
- 企業姿勢（柔軟さ・寛容さ・働きやすさ）を社内外にアピールすることができる
- 福利厚生の充実にもつながる
- 「活動発表会」「社員フォーラム」など、従業員の自由時間活動（副業・兼業）の発表の場を設けることで社内の活性化を図ることができる
- 従業員の多様性を認めることで、企業としても多角化経営の基盤を作るなどリスクヘッジとなる

　無論、企業秩序に悪影響がもたらされないようしっかりとルールを定めたうえで運用することが重要です（**図表17**）。副業・兼業について、「許可を受ければ可能」であるという

図表17　就業規則記載例

第○条　（兼業の許可）
1．社員は会社の許可を受けずに他社で就業し、役員に就任し、または自ら事業を行うこと（以下、本条において「兼業」という。）はできない。
2．兼業しようとする社員は、「兼業許可申請書」を上長を経由して管理部宛に提出しなければならない。会社は、申請の内容につき審査をしたうえで許可または不許可を決定し本人に通知する。
3．前項における審査基準は次のとおりとする。
　①会社業務と競業関係
　②営業秘密の不正利用を伴う蓋然性の高さ
　③兼業先での業務時間の長さ
　④兼業先での業務の内容（疲労度・危険度・社会的信用度）
4．兼業の許可を受けた社員は、毎月10日までに前月分にかかる兼業報告書を上長を経由して管理部宛に提出しなければならない。会社は、報告の内容につき審査をした上で、兼業許可を取り消すことがある。

資料出所：著者作成

ルールが設けられていても、許可申請のルートや許可基準等がまったく明確にされておらず、かつ、副業・兼業をしたことにより人事評価にどのような影響があるのか（あるいはないのか）が示されていない「仏作って魂入れず」のような状態では、社員は会社に副業・兼業していることを明かしたがらないでしょうし、暗に「副業は禁止」というメッセージと

受け止められることでしょう。

著者が経営する社労士法人で「週4正社員」制度を導入していることはすでに説明しましたが、社員はそれぞれの自由時間を満喫しています。たとえば、NPO法人でボランティア活動の中核を担って活躍していたり、資格試験の受験指導講座の講師をしていたり、地方と東京とのデュアルライフを実現していたり、別会社にも所属していたり、地域活動に積極的に参加していたり……と活躍は多岐にわたります。もちろん、全社員がこのような活動をしているわけではなく、自由時間を家族介護や育児のためにライフバランス型で勤務する社員のほうが多いですが、それぞれが自身の休日の過ごし方を秘匿することなく語り合える職場環境は、それぞれが互いをよりよく知り、互いの「らしさ」を活かすムードを醸成するのに一役かっていると思えます。

6 社会保障制度改正への適応

2016年10月から、健康保険・厚生年金保険法の改正により社会保険の適用範囲が拡大されることを受け、副業・兼業先でも週20時間以上・月88,000円以上の稼動がある人は社会保険に加入することが求められることとなりました(**図表18**)。この制度改正を受けて、副業・兼業先で社会保険の手続きが必要となるケースが増えることが見込まれます。この

場合、社会保険料は本業と副業双方の事業所での報酬月額を合算して算出した標準報酬月額に基づき算定され、それぞれの会社が、本業と副業の報酬を按分して保険料を負担することとなります。また、働く本人は、保険証の発行元を本業と副業のいずれかで選択することができます。こういった手続が必要になるという観点からも社員の副業・兼業の実態を把握しておくことが求められます。

図表18　社会保険（健康保険・厚生年金保険）加入の新5要件の概要

①	1週間の所定労働時間が20時間以上であること
②	同一の事業所に継続して1年以上使用されることが見込まれること
③	報酬の月額が88,000円以上であること
④	学生でないこと
⑤	特定適用事業所（500人超規模）に使用されていること

資料出所：著者作成

第7章 空いた時間をどう使う？ パラレルキャリア解禁へ

Column

世の中はすでに「週４正社員」に向かっている!?

　経団連、日本商工会議所、経済同友会、全国中小企業団体中央会（ほか57団体）は、2016年7月27日、次のような働き方改革宣言を打ち出しました。

「だれもがいきいきと働ける職場環境の実現に向けた取り組み」

1．経営トップの明確な意志表明とリーダーシップの発揮

　経営トップは、働き方・休み方改革を経営方針に明確に位置づけ、社内に発信し、全社で共有する。また、行動計画や目標を定めトップダウンで実現する。

2．管理職によるマネジメントの徹底と自らの意識改革

　管理職は、法令順守のみならず、経営方針を踏まえ労働時間管理を徹底する。また、自ら意識を改革し、率先してメリハリのある働き方や休暇取得に努める。

3．具体的取り組み例

　①業務プロセスを見直し、効率化することにより、ムリ・ムダを省く。

　②ノー残業デーの徹底、深夜残業の原則禁止や朝型勤務の導入、フレックスタイム制やテレワークの活用を進める。

　③職場・個人単位での年休の計画的付与や半日・時間単位年休の導入を進める。

　④プラスワン休暇（土・日・祝日の前後に年休を取得）や子どもの休みに合わせた年休の取得などにより、年3日程度の年休の追加取得を検討する。

　⑤年休実績を見える化し、取得率が低い社員に管理職が取得を働きかける。

この宣言から、「週4正社員」制度を導入するのはハードルが高い、と消極的でも、休暇取得促進には取り組みたいと考えている（あるいは考えざるを得ない）企業は少なくないのではないかと推測できます。

　さて、日本企業の土日を除いた平均的な休日・休暇日数をみてみると、次のようになります。

日本の休日の実態

内　　　容	日　　　数
祝　日	15日
年　休	18.5日 （2014年就労条件総合調査）
その他 （夏季・年末年始休暇等）	5.5日 （著者による仮定）
合　計	39日

　年間52週あるとして考えると、年次有給休暇を完全に消化できていれば、52週中の39週＝年間4分の3（75％）は、新たな制度を導入しなくても「週4正社員」になるということです。

　いかがでしょうか。世の中はすでに「週4正社員」に向かっているとさえいえるのではないでしょうか。

第8章

これからの展望

　第7章では、空いた時間(自由時間)をどう使うか、それを企業側がどう規制(または推進)することができるのかについて解説しました。第8章ではこれからの展望を、労働市場を取り巻く周辺の状況を踏まえて考察していきます。

1　変革する労働市場

　AI(人工知能)をはじめとする技術革新はどんどん進んでいくことが見込まれます。労働者が必要とされる分野は変わります。たとえば、実現目前とされている自動運転システムにより渋滞はかなり解消されることになるそうで、ドライバー職の仕事は大きく変わりそうです。人が活躍する分野とAIが活躍する分野ができ淘汰される仕事と新たな仕事が生まれます。雇用が生み出される成長産業と必要がなくなる衰退産業に分かれていき、それに伴い転職等の労働移動が発生します。

このように、産業構造が変化すれば成長産業への労働移動が必要になりますから、1つの会社で生涯働き続ける長期雇用を前提とした正社員制度設計は一部で行き詰まることは間違いありません。

2 法改正が与えるインパクト

非正規社員（派遣社員・有期契約社員・パート等）でも、長期間同じ会社で勤務しているという人は少なくありません。本来、臨時的な労働力の調整弁であるはずの非正規社員が「常用代替」（正社員の代わり）として活用されているわけです。しかし、今後は、非正規社員の常用代替はなくなっていくものと考えます。主な理由として非正規3法といわれる3つの法律の改正動向をみていきます。

(1) **労働契約法**

2013年に改正された労働契約法では、有期契約社員が5年を超えて契約更新をされたときには無期雇用への転換を申し出る権利を認め、この権利が行使された場合には事業主はその有期契約社員を無期契約社員に転換しなければならないこととしました。この権利が実際に行使されるようになるのは2018年4月以降（改正法の施行から5年経過後）でありまだ先の話ですが、各企業はすでにこの法改正に対応するための

第8章　これからの展望

動きをみせています。企業の動向をみてみると、無期転換権を行使される前に雇止めするのかと思いきや、そうではなく先取りして正社員に登用するなど無期転換しているケースが多いようなのです。

ただし、この正社員登用の動向は必ずしも喜ばしいものばかりではないようです。すべての有期契約社員に一律に無期転換権の行使を認めることに消極的な企業は、一律に例外なく有期契約社員の雇用期間の上限を5年までとすることを就業規則や雇用契約書に明記します。人によって雇用上限となる期間に差をつけることは不合理であり労働契約法20条の趣旨に反することとなるでしょうが、例外なく設けられている上限は必ずしも法違反を問われることにならないという考え方のようです。この場合、2018年以降、雇用上限期間に達したところで全員が一律に雇止めされます。しかし、長く働いてほしいと企業から認められた人は上限期間が到達する前に正社員に登用されているので、上限に達した時点で有期契約社員のまま残っている人は、企業にとっては去ってもらって構わない人だけ、というわけです。

このような運用がなされていることなどから、今後、有期契約社員のあり方は、

(A)　長くても5年までの期間で契約終了となるか

(B)　多様な正社員（勤務地限定・職種限定・時間限定）として転換されるか

のいずれかに整理されていくのではないかと思われます。常用代替で長期間有期契約の反復更新を行うような人は少なくなるのではないかということです。

ところで、(A)の5年以内に雇い止めされてしまう非正規社員ばかりが増えることは歓迎すべからぬ事態でしょうが、直近は人材確保が企業の課題となっているため、その点は悲観することはなさそうです。労働契約法の改正直後は、リーマンショック後の不景気で、無期転換させたくない人材は上限期間で雇止めすることで雇用維持リスクを回避させようと目論んでいた企業も、いまでは雇用確保リスクのほうが深刻になっているようなのです。オリンピック開催へ向けた好景気も手伝ってか、全国的に人手は不足しています。2016年7月期の有効求人倍率は全国平均で1.37倍、東京では2倍を超えました。この高水準は実に約24年ぶりのことでバブル期並みの売り手市場が再到来している状況です。そのため、雇用維持がリスクになるという状況から、雇用をいかに確保していくかのほうが企業としては課題となっているのです。企業は非正規社員をもなんとか囲い込み、働き続けてもらいたいと願っているため、雇止めせずに長期雇用へ転換させるほうが増えていきそうです

(2) 労働者派遣法

労働者派遣の分野でも常用代替から脱却する動きが起こっ

第8章 これからの展望

ています。

2015年の改正労働者派遣法では、業務区分による派遣可能期間の制限をやめて、「人区分で3年まで」という制限を新たに設けました。いままでは、業務内容によっては派遣可能期間に制限がないもの（いわゆる「専門26業務」）がありましたが、今後は派遣会社で無期契約を結んでいる社員等一定の条件を満たしている例外的な人を除いては、どんな業務に就いていても、派遣社員単位で派遣可能期間が上限3年までとなるのです。長期間派遣社員として受け入れ続けることが難しくなるため、常用代替が起こりづらい状況になります。また、派遣会社には、一定の要件に該当する場合には派遣労働者を派遣先へ直接雇い入れてもらうよう依頼をするなどの雇用安定措置を講ずることを義務付けるルールが設けられました。これも常用代替をさせない法の枠組みとして設けられたものといえます。

さらに、昨今の人手不足の労働市場環境から派遣社員の時給は右肩上がりの状況が続いています（「2016年8月度　派遣スタッフ募集時平均時給調査」ジョブリサーチセンター）。「安いから派遣」という理由で派遣労働者を活用していた企業は、その目的を達成できなくなりつつあり、むしろ「派遣は割高」になってきています。しかし悲観することはありません。割高でも派遣に頼らなければならない人材確保難の時代にあって、とくに中小零細企業は、派遣社員の受入理由を

常用代替から正規雇用への採用ルートの1つととらえ直していけばいいのです。実際、直接雇用の募集広告にかなりの広告費用を投じても、思ったような採用に至らないという悩みを聞くことがあります。知名度の低い企業ならなおさらのことです。発想を転換し当初は派遣社員として受け入れて、マッチングすれば直接雇用へ切り替えるという方針で派遣を活用していきましょう。今後の派遣社員活用のあり方は、常用代替から「直接雇用への入口」になっていくものと考えます。その際の直接雇用形態のひとつとして多様な正社員（勤務地限定・職種限定・時間限定）制度を整備しておく価値があります。

(3) パートタイム労働法と社会保障・税制改革

3つ目は、パートについてです。ここではとくにいわゆる「主婦パート」を想定します。女性活躍推進・一億総活躍の気運のなか、社会保障・税制面で夫の扶養の範囲内に収まるように働き方を自ら調整することを選択する女性労働者が多いことが問題視され、配偶者控除のあり方に関する所得税法改正の方向性が国会でも熱心に議論されています。「働き方の未来2035」報告書においても、社会保障・税制面いずれの場合も、一定ラインの収入を超えるのと超えないのとで大きな差が出てしまうような現在の仕組みはなくなり、1時間でも勤務すればその収入に応じた税・社会保障負担をしていく

ような仕組みに変わると未来予想されています。今後、社会保障・税制面での優遇がなくなるとすれば、もっと働きたいと希望するパートは増えることは間違いないでしょう。そうなれば、「正社員と同等の仕事をしているのに給料が低いのは不合理で納得できない」という声も増えるでしょう。

　賃金その他の処遇決定のプロセスについて、パート・アルバイトの時給は地域相場を軸として決定し、正社員の処遇は企業の人事方針により決定するという企業が圧倒的に多いはずです。パート・アルバイトは正社員とは異なる労働市場から採用されるからです。たとえば、ある地域でパート募集をかけようとするとき、まずはそのエリアの同業種の時給相場を見ます。「このエリアの相場は1,000円か、では少し色をつけて1,100円で募集すれば人が集まるかな」といった具合で時給は決定されます。こういった決定は企業の基盤人材である正社員には適用されません。正社員のそれは自社の人事制度（賃金制度）に基づいて決定し、生涯賃金設計に基づき昇給させていきます。このように処遇決定の原理が異なるため、正社員の時間単価換算額とパート・アルバイトの時給に大きな乖離があっても、そのギャップをなるべく埋めていこうという発想が企業側からは生まれてくるはずもなかったのです。また、乖離がありそれが不合理なものであったとしても、夫の扶養の範囲内で勤務したいと希望しているパートは、その乖離に対して不満や疑問をもつことをしてこなかっ

たのです。

　今後は、社会保障・税制面での取扱いが法改正を経て変化し、扶養でいることの優遇感は縮小していくでしょうから、パート・アルバイトから多様な正社員へ、正社員から（一時的にでも恒久的にでも）勤務地・職務・労働時間などの労働条件に制約を設けた多様な正社員へ、という企業内での労働移動もより柔軟に行うことができるような雇用環境を事業者は整備していかなければなりません。

　パートタイム労働法では、2015年改正によりパートと正社員との待遇相違が「不合理と認められるものであってはならない」とする条文を新設しています（法8条）。パートタイム労働法を根拠に争われる労使紛争は、今後増えていくことが必至です。企業はいかに合理的な（不合理でない）待遇決定をするか知恵を絞らなければならなくなります。この動きは、パートと正社員という二極化した雇用の間を取る多様な正社員の制度を構築を後押しする力になるものと思えます。

　法律の改正がなされるとき、立法担当者が意図する改正法により達成したい目的というのがあるのでしょう。しかし、当初の改正趣旨とは異なり、労働市場環境の変容により改正法の受入れられ方、意義は時代とともに変わっていくのだな、と感じさせられることがままあります。とくに前述した「非正規3法」は、今後の働き方改革のなかで大きな役割を担うものとなりそうです。労働契約法も労働者派遣法も改正

法が成立したリーマンショック後の不景気ムードのころは「雇止めの防止」を主たる目的としていたのではないかと推測しますが、状況はあれから大きく変わりました。新たな環境でも改正法の意義は大きく、立案担当者はこのような状況までをも予測していたのだろうと思うと、著者はただ敬服の気持ちと、立法は面白いという思いを新たにします。

【まとめ：法改正と多様な正社員の相関関係】

■労働契約法
・無期転換申込権
　→権利行使前に正社員への転換が促進される＝多様な正社員㊥

■労働者派遣法
・人区分３年上限
・雇用安定措置義務
　→派遣先での直接雇用が促進される＝多様な正社員㊥

■パートを取り巻く各法（パートタイム労働法・所得税法の動向・社会保険）
・扶養のあり方の見直し
・社会保険の適用拡大
・不合理待遇の禁止
　→パートの労働条件の引上げ＝多様な正社員㊥

3 労働生産性が上がらないのはなぜか？

(1) 労働生産性の現状

　日本生産性本部の「日本の生産性の動向2015年版」によると、日本の労働生産性はOECD加盟34カ国中21位。アメリカとの比較では6割にとどまっています。時間あたり生産性も同様に21位とあまり喜ばしい結果ではありません。GDPはアメリカ、中国についで第3位につけているのですから、このデータをみただけでも「日本人は長時間労働の結果として価値を生み出している」という構図が浮き彫りになります。言葉を換えれば「効率が悪い」というわけです（**図表19**）。

(2) 日本人の仕事に対する価値観

　旧約聖書では、アダムとイヴがエデンの園で禁断の果実を食したことの罰として、男には労働の苦役が、女には出産の苦しみがもたらされるようになったとされており、欧米諸外国では労働は苦役、だからなるべく短い時間で苦役から解放されることが望ましいという考えが根本にあるようです。一方、日本人はというと、生きることと働くことを一体のものとしてとらえてこれを分けては考えない価値観があるように

第8章 これからの展望

図表19 労働生産性国際比較

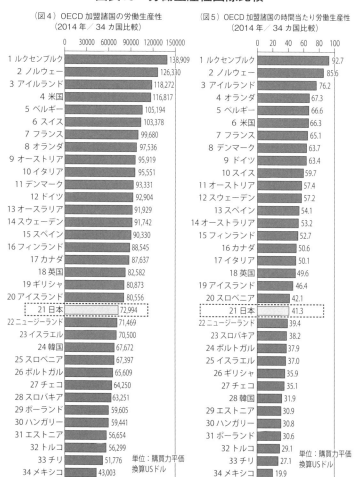

資料出所：日本生産性本部「日本の生産性の動向2015年版」)

思います。働くことは尊いことであるという価値観を感じます。生きることと働くことを区別せず、職場は生活の場でもあるという価値観の下では、効率を上げ生産性を高めていくことに注力してこなかったことにもうなずけます。人生修養の場が職場だったならば、そこに長時間身を置くことに何の違和感もなかったのでしょう。

しかし、これまでも繰り返し述べてきたように、社会環境は大きく変わりました。生産年齢層の健康な男性だけが正社員として活躍できるという時代は終わりました。女性も、若者も、高齢者も、障害者も、病気の人も……あらゆる人が職場において活躍することができ、経済的に自立することができ、公正な処遇で多様な働き方を選択できることで社会に参加できるような環境を作っていかなければなりません。これらの人は、無制限に職場にいられる環境ではない人も多いのです。無制限に職場にいられない人も活躍できるようにするためには男性労働者が長時間職場に拘束される（あるいは自ら喜んでとどまる）ワークスタイルを見直し、制限のある人と同じように限られた時間で成果をあげることに工夫をこらさなければなりません。そうでなければ、企業は結局、無制限に企業に時間を提供する人を高く評価することでしょう。長時間働くことで会社に貢献してきた正社員のみなさん、同じ土俵に乗りましょう。それによってあらゆる属性の人が活躍できる職場を作り、結果的に会社に貢献していきましょう。

日本における労働生産性の向上は、諸外国の考え方の根本（苦役から早く解放されよう）とは異なり、「仕事も生活もどちらも大切なもの。みんながどちらも犠牲にしないで済むような働き方にしよう。という考えに基づいて推進されるもの」という認識を確認して推進していきたいです。

4 「非正規雇用→多様な正社員←正社員」のシェアは？

政府は6月に閣議決定したニッポン一億総活躍プランにおいて「非正規雇用という言葉をなくす」と宣言し、働き方改革に取り組む強い決意を表明しています（第3章　コラム参照）。それが現実のものとなるかどうかはわかりませんが、現在の非正規雇用者は、全体の雇用者の約4割（総務省「労働力調査」より）を占めるに至っており、20年前と比較してその人数は倍増しています。

この数は今後どう推移していくのでしょうか？

非正規から一定の割合の人が「週4正社員」をはじめとする多様な正社員へと転換していけば、非正規社員の割合は減っていくことが見込まれます。また、従来の正社員からの転換も見込まれます。大切なのは、働く（働きたい）すべての人が、自分の役割を十分に果たせる働き方を選択することができるような環境を国と企業と本人（労働者）とが作り上げていくことです。現在、非正規雇用者のうち約17％の人は、

正社員になりたかったけれど機会に恵まれず非正規を選択しています。このような人たちを、「不本意非正規」と呼んでいますが、そういった人は少なくともゼロになっていってほしいものです。ただし、パートを取り巻く社会保障・税制面での優遇措置が縮小されれば、いまは自らの選択でパートとして勤務をしている人も正社員になりたいと希望するでしょうから、いったんは「不本意非正規」が増えるでしょう。いまから20年後、「非正規」という言葉がなくなっているかはわかりませんし、多様な正社員の占める割合は未知数ですが、「不本意非正規」はゼロにしていきましょう（**図表20**）。

図表20　非正規雇用者割合の推移

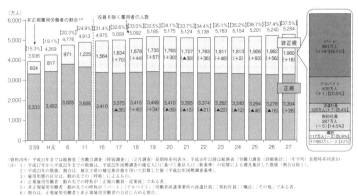

資料出所：労働力調査から厚生労働省作成

第8章　これからの展望

5　はじめの一歩を踏み出そう

　いま、「週4正社員」制度の導入を検討する企業はにわかに増えているように感じます。新聞・テレビ報道でも多様な働き方をする企業の特集が組まれることが目立ってきました。しかし、著者が関与している企業では、さまざまな障壁にぶつかり、検討段階で挫折し新制度導入に至らないケースも多いのです。それでも検討の導入をすること自体に意義があることはこれまですでに述べたとおりです。ハードルの高い施策にいきなり立ち向かうよりも、まずは「わが社で取り組める働き方改革」のはじめの一歩を踏み出してはいかがでしょうか。小さく生んで大きく育てればよいのですから。

　以下、いくつかの施策例を紹介します。

【多様な働き方を推進する社内施策例】

・午前8時前の業務開始者に、朝食補助手当を支給
　⇒労働時間の朝型シフトを後押しすることで生産性アップにつなげる目的
　◎似たような施策として、5:00〜8:00の早朝勤務に通常勤務の1.5倍の割増賃金を支給する制度がある
・エアコン定時オフ制度：終業時刻と同時に空調を消す
　⇒強制消灯までは難しいが、空調オフにすることでダラダラ残業を排除し退社を促す目的
・「パパの公休日」制度：子どもの1歳の誕生日に年次有給休暇を取得するもの（計画年休）
　⇒年休取得率アップにつなげる／ファミリーフレンドリー企業PRの目的

◎似たような施策として、イクじい・イクばあ休暇（孫の出生を起点に数日間の休暇取得）・誕生日休暇・記念日休暇等の計画年休制度がある
・ブロンズウイーク制度：年休取得により4連休以上の取得を求めるもの
　⇒年休取得率アップにつなげる目的／長期不在を経験することで業務のマニュアル化・平準化を推進する目的
・流産休暇：妊娠4カ月未満で流産した女性社員に有給の休暇を1週間付与するもの
　⇒労働者のワーク・ライフ・バランスへの配慮による女性活躍推進の目的
　◎似たような施策として、妊活休暇／性転換休暇（トランスジェンダーであるLGBT労働者への休暇制度）がある
・育児・介護休業中の在宅勤務制度：月15〜50時間等の範囲を決めて個別に時間承認枠を決定し在宅勤務を認めるもの

　上記、育児・介護休業中の在宅勤務制度は補足説明をします。

　育児介護休業法における育児休業をしている労働者は、一定の条件を満たせば雇用保険から育児休業給付金が支給されます。支給される給付金は、育児休業開始前の給与の67％（育児休業開始から6カ月経過後は50％）です。この期間中、突発的事情などにより勤務をして賃金を得た場合であっても、賃金と給付金を合わせて育休開始前の給与の80％を超えなければ、給付金は満額支給されます。この制限の範囲内で育児休業期間中に在宅勤務を本人の希望に基づき命ずるという制度が、「育休期間在宅勤務制度」です（**図表21**）。

　在宅勤務による賃金上限を13％（当初6カ月間／その後30％）として、これを労働時間に換算してみましょう。たと

第8章 これからの展望

図表21 育児期間在宅勤務制度について

えば、月の所定労働時間が160時間である企業の場合、13％は約20時間、30％は約48時間となります。休業期間中に勤務ができるかどうかは個別の労働者の事情により異なるでしょうから一律に在宅勤務を求めることはできませんが、「1年も職場から離れていたら復帰後に浦島太郎のようになっていた」という育児休業経験者からは可能なら仕事にもタッチし続けていたいという要望が出ています。そのような希望者に在宅勤務させるというものです。

折りしも雇用保険法の改正により、育児休業期間中の勤務日数が月間11日以上となった場合であっても、月の総労働時間が80時間以内に収まっていれば育児休業給付金が支給されるようになりました。改正法施行前は、育児休業期間中に勤務日数が月間11日以上となった場合は、その時点で育児休業給付金を受けられなくなるという規制があったのです。細切れで業務に携わることが想定される在宅勤務のワークスタイルにとって歓迎すべき法改正ですね。

171

同様のことが、介護休業の場合にも適用できます※。一般社員に在宅勤務を解禁することには二の足を踏む思いがある企業でも、育児・介護休業者からトライアルしてみることではじめの一歩を踏み出せるものと思います。

※ただし、介護休業給付金には「月間11日以上規制」があります。

6　給与は高いほうがいい

　先日「日本で転職し天職をみつけた」という外国人を取材するテレビ番組を見ていました。日本茶の販売、庭師、舞踊家など日本の伝統を担う職業に就いている外国人たちは、共通して「この仕事が好き。給料は低いけど」と語っていたのが印象的でした。これに対して番組コメンテーターは「将来はかなり儲かるはずですよ」などと発言していましたが、当の本人たちは収入の多寡や将来性という損得勘定・投機目的でその職業を選択していないことは明白でした。

　多様な正社員が普及した暁には、正社員として働く人の総数は増えていることでしょう。しかし、正社員数が増えても企業が人件費に割り振ることができる予算が増えなければ、給料は増えません。一方で、各企業が工夫して多様な正社員の給与水準を向上させていかなければなりませんし、また、給料の多寡にかかわらず自らのもっている能力を発揮しながら社会に参加し、やりがいのある仕事に就くことができてい

第8章 これからの展望

る、責任も伴うけれど苦役とは思わないという人が増えていくことに期待したいです。もちろん給料は高いに越したことはありません。けれど、お金のために働かなければならないという次元を超えて、働きがいのある働き方ができる世の中にしていけたらなぁといつも考えています。

Column

育児経験から考える

　育児期間中がもっとも仕事の効率が上がるとき。そう言われて期待を胸にいざ出産。ところがフタをあけてみると育児は本当に大変です。思うように仕事は進まず、体力ももっていかれ、泣き叫ぶわが子を腕に自分自身が泣きそうになる日々。世のお母さん方はいったいどうやって育児と仕事を両立させているんだろうと心底不思議に思います。いまのところうまくやれているとは到底思えません。たくさんの先輩女性と情報交換をしていくなかで、多くの働く人はさまざまな困難を抱えながらそれをおくびにも出さずに仕事をしているんだなぁと改めて感じました。職場には色んな事情を抱えている人たちが集まり、企業目標を達成するために力を合わせて働いています。一緒に働く仲間の仕事以外の人生の一面にも想像力を働かせ豊かな人生となりますように、と願う優しい気持ちが集結することを願いますし、そうなるようなワークルールを日々考えています。

Column

田舎のくらし

　著者のふるさとは山形県の北のはずれの小さな町です。農家の多くは兼業農家で、農業を営むほかに運送会社でドライバーをしたり、建設会社で事務員をしていたり、工場勤務をしたり……。専業農家はむしろまれでした。いま振り返ると、仕事をしている大人の姿を子どもたちは間近でみていたように思います。職住は接近していて地域に大人がいたからです。田んぼに行けば大人がいました。著者が「週4正社員」を提唱し続けることができているのは、大人が子どもの近くにいた原風景のおかげかもしれません。

　ビジネス上の取引関係や消費者という場面でも田舎の暮らしは人とのつながりが強いものでした。モノを売ってくれる人も知り合い、歯医者さんも知り合い、工事業者さんも知り合い、取引先はビジネス上のつながりだけでなく、子どものPTAの仲間だったり、中学時代の同級生だったりするのです。「相手を知っている」状態では、取引先やお客さんはクレームを付けづらいし無理をお願いしづらいものです。それがいいかどうか分かりませんが、働き方を改革していくには、取引先・消費者の立場でできることもあるのかなと、便利で競争が激しく、人の多い都会で暮らしていると日々感じることがあります。「消費者としての権利を主張しすぎていやしないだろうか。相手への配慮は十分だっただろうか」帰宅したときに宅急便の不在票が入っていると、必ずそう反省してしまう著者です。

　働き方改革はなにも目新しいものではなく、もともとあった働き方・くらし方への回帰なのかもしれません。田舎のくらし、のような。

第8章　これからの展望

7　さいごに

　世の中すべてが「週4正社員」になればいいとは思っていません。極端な制度ですし課題も多く、発展途上の働き方だとすら思っています。しかし、日本の正社員が会社に身を捧げ命を削るような働き方をするのもまた異常です。長時間労働が常態となっている正社員のあり方に一石を投じるためにも、新たな概念「週4正社員」が貢献できることは少なくないと信じています。

参考資料1　社内様式サンプル1

	「週4正社員」転換（登用）申請書	
殿		
	[申出日] 平成　年　月　日	
	[申出者] 所属	
	氏名	

私は、短時間正社員就業規則●条の定めに基づき、下記のとおり申請をします。

記

1　適用を受けたいワークスタイル	(1)　勤務日数	週5日勤務／週4日勤務／週3日勤務／その他（　　　　）
	(2)　勤務時間	※6時間～8時間の範囲で30分単位で申出可能
	(3)　所定外労働の有無	・できることがある（月　　時間程度まで可能） ・原則できない
2　開始希望時期		
3　申請事由	□　育児または家族の介護（育児介護休業規程に定める短時間勤務を行う場合は除く） □　「学び直し」による自己啓発を希望する □　ボランティア等社外での活動を希望する □　その他、「週4正社員」として勤務することで達成したい目標がある	
3　適用希望期間	有期（　年　月　日～　年　月　日）／期間の定めなし	

注1：申出内容を確認するため必要最小限の証明書類の提示を求めることがあります

【添付書類】「週4正社員」として登用（転換）されることにより達成したいことをレポートとして提出してください。

審査の結果は、個別面談によるヒアリングを経て申請書提出から1カ月以内に本人に通知されます。

参考資料2　社内様式サンプル2

副業・兼業許可申請書

　　　殿

[申出日] 平成　年　月　日
[申出者] 所属
　　　　　氏名

　私は、就業規則第○条に定める副業・兼業に関する定めに基づき、下記のとおり申出をします。

記

1　副業・兼業の内容	(1)　勤務先名称と契約内容	名称： 雇用契約／業務委託契約／委任契約／その他（　　）
	(2)　業務内容	
	(3)　月あたり総労働時間の見込み	
2　本人の健康状態		
3　開始希望時期		
4　時間外労働等	副業・兼業先での業務と当社における勤務時間を通算した場合に、当社において算定している時間外・休日労働時間を超えて割増賃金の支払義務が発生することとなる働き方ですか？ 　　　（YES・NO）いずれかに○	

注1：業務の内容が当社業務と競業する蓋然性の高い場合は許可されません
注2：業務の内容が相当程度の肉体的または精神的疲労を伴うことが見込まれる場合は許可されません
注3：月あたりの時間外労働時間が当社業務と通算して70時間を超えると見込まれる場合は許可されません
注4：本申請を行わず、副業・兼業の事実が発覚した場合には就業規則第○条に定めるところにより懲戒処分とすることがあります。

参考資料3　同一労働同一賃金ガイドライン案と著者コメント

　改正労働契約法・パートタイム労働法では、「労働条件の相違は不合理と認められるものであってはならない」としています。以下、ガイドライン案は、これらを受けて「不合理な待遇差」とは具体的にどのようなものをいうのかを示したものです。また、今後の法改正を受けて、本ガイドライン案は、ガイドライン（つまり指針）として確定される予定です。

　待遇差がある場合に、なぜそのような待遇差があるのかを企業が説明できるようにしておくことが重要です。そのためには、社員の属性ごとに、職務・能力を明確にし、適正に評価したうえでそれに応じて賃金を決定するしくみを確立することが望まれます。

```
┌──────┐
│ 正社員 │
└──────┘              ┌──────────┐              ┌──────────┐
            あいまいな   │ 待遇差の原因 │   合理的な   │「非正規」と │
┌──────┐  待遇差     │ を明確化     │   待遇差     │ いう言葉を日 │
│ 多様な │ ━━━━━▶ │ ・求める能力 │ ━━━━━▶ │ 本から一掃   │
│ 正社員 │             │ ・担う職務内容│              │              │
└──────┘             │ ・責任の程度 │              └──────────┘
                       │ ・その他     │
┌──────┐             └──────────┘
│ パート・│
│アルバイト│
└──────┘
```

1．前文

(目的)

○本ガイドライン案は、正規か非正規かという雇用形態にかかわらない均等・均衡待遇を確保し、同一労働同一賃金の実現に向けて策定するものである。同一労働同一賃金は、いわゆる正規雇用労働者(無期雇用フルタイム労働者)と非正規雇用労働者(有期雇用労働者、パートタイム労働者、派遣労働者)の間の不合理な待遇差の解消を目指すものである。

○もとより賃金等の処遇は労使によって決定されることが基本である。しかし、我が国においては正規雇用労働者と非正規雇用労働者の間には欧州と比較して大きな処遇差がある。政府としては、この問題の対処に当たり、同一労働同一賃金の考え方が広く普及しているといわれる欧州制度の実態も参考としながら検証した結果、それぞれの国の労働市場全体の構造に応じた政策とすることが重要との示唆を得た。

○我が国の場合、基本給をはじめ、賃金制度の決まり方が様々な要素が組み合わされている場合も多いため、同一労働同一賃金の実現に向けて、まずは、各企業において、職務や能力等の明確化とその職務や能力等と賃金等の待遇との関係を含めた処遇体系全体を労使の

話し合いによって、それぞれ確認し、非正規雇用労働者を含む労使で共有することが肝要である。

○今後、各企業が職務や能力等の内容の明確化と、それに基づく公正な評価を推進し、それに則った賃金制度を、労使の話し合いにより、可能な限り速やかに構築していくことが、同一労働同一賃金の実現には望ましい。

○不合理な待遇差の解消に向けては、賃金のみならず、福利厚生、キャリア形成・能力開発などを含めた取組が必要であり、特に、能力開発機会の拡大は、非正規雇用労働者の能力・スキル開発により、生産性の向上と処遇改善につながるため、重要であることに留意すべきである。

○このような正規雇用労働者と非正規雇用労働者の間の不合理な待遇差の解消の取り組みを通じて、どのような雇用形態を選択しても納得が得られる処遇を受けられ、多様な働き方を自由に選択できるようにし、我が国から「非正規」という言葉を一掃することを目指すものである。

（ガイドライン案の趣旨）
○本ガイドライン案は、いわゆる正規雇用労働者と非正

規雇用労働者との間で、待遇差が存在する場合に、いかなる待遇差が不合理なものであり、いかなる待遇差は不合理なものでないのかを示したものである。この際、典型的な事例として整理できるものについては、問題とならない例・問題となる例という形で具体例を付した。なお、具体例として整理されていない事例については、各社の労使で個別具体の事情に応じて議論していくことが望まれる。

○今後、この政府のガイドライン案をもとに、法改正の立案作業を進め、本ガイドライン案については、関係者の意見や改正法案についての国会審議を踏まえて、最終的に確定する。

○また、本ガイドライン案は、同一の企業・団体における、正規雇用労働者と非正規雇用労働者の間の不合理な待遇差を是正することを目的としているため、正規雇用労働者と非正規雇用労働者の間に実際に待遇差が存在する場合に参照されることを目的としている。このため、そもそも客観的に見て待遇差が存在しない場合については、本ガイドライン案は対象としていない。

2．有期雇用労働者及びパートタイム労働者

(1) **基本給**

①基本給について、労働者の職業経験・能力に応じて支給しようとする場合

> 基本給について、労働者の職業経験・能力に応じて支給しようとする場合、無期雇用フルタイム労働者と同一の職業経験・能力を蓄積している有期雇用労働者又はパートタイム労働者には、職業経験・能力に応じた部分につき、同一の支給をしなければならない。また、蓄積している職業経験・能力に一定の違いがある場合においては、その相違に応じた支給をしなければならない。

〈留意事項〉

ここでいう「無期雇用フルタイム労働者」とは、いわゆる「正社員」を含む無期雇用フルタイム労働者全体を念頭においている。

〈問題とならない例①〉

・基本給について労働者の職業経験・能力に応じて支給しているＡ社において、ある職業能力の向上のための特殊なキャリアコースを設定している。無期雇用フルタイム労働

者であるXは、このキャリアコースを選択し、その結果としてその職業能力を習得した。これに対し、パートタイム労働者であるYは、その職業能力を習得していない。A社は、その職業能力に応じた支給をXには行い、Yには行っていない。

⇒**【著者コメント】本人の選択の結果の差であるためOK**

〈**問題とならない例②**〉

・B社においては、定期的に職務内容や勤務地変更がある無期雇用フルタイム労働者の総合職であるXは、管理職となるためのキャリアコースの一環として、新卒採用後の数年間、店舗等において、職務内容と配置に変更のないパートタイム労働者であるYのアドバイスを受けながらYと同様の定型的な仕事に従事している。B社はXに対し、キャリアコースの一環として従事させている定型的な業務における職業経験・能力に応じることなく、Yに比べ高額の基本給を支給している。

⇒**【著者コメント】現在の職務内容が同一でも、将来に向けての期待度が異なることが明確なのでOK**

〈**問題とならない例③**〉

・C社においては、同じ職場で同一の業務を担当している有

期雇用労働者であるXとYのうち、職業経験・能力が一定の水準を満たしたYを定期的に職務内容や勤務地に変更がある無期雇用フルタイム労働者に登用し、転換後の賃金を職務内容や勤務地に変更があることを理由に、Xに比べ高い賃金水準としている。
⇒【著者コメント】変更可能性のリスクに対して付く手当（リスクプレミアム手当）は妥当なのでOK

〈問題とならない例④〉
・D社においては、同じ職業経験・能力の無期雇用フルタイム労働者であるXとパートタイム労働者であるYがいるが、就業時間について、その時間帯や土日祝日か否かなどの違いにより、XとYに共通に適用される基準を設定し、時給（基本給）に差を設けている。
⇒【著者コメント】制約に見合った賃金差が「共通基準」で適用されるのでOK

〈問題となる例〉
・基本給について労働者の職業経験・能力に応じて支給しているE社において、無期雇用フルタイム労働者であるXが有期雇用労働者であるYに比べて多くの職業経験を有することを理由として、Xに対して、Yよりも多額の支給をし

ているが、Xのこれまでの職業経験はXの現在の業務に関連性を持たない。

⇒【著者コメント】業務に関連性を持たない経験で差を付けるのはNG

②基本給について、労働者の業績・成果に応じて支給しようとする場合

> 基本給について、労働者の業績・成果に応じて支給しようとする場合、無期雇用フルタイム労働者と同一の業績・成果を出している有期雇用労働者又はパートタイム労働者には、業績・成果に応じた部分につき、同一の支給をしなければならない。また、業績・成果に一定の違いがある場合においては、その相違に応じた支給をしなければならない。

〈問題とならない例①〉
・基本給の一部について労働者の業績・成果に応じて支給しているＡ社において、フルタイム労働者の半分の勤務時間のパートタイム労働者であるXに対し、無期雇用フルタイム労働者に設定されている販売目標の半分の数値に達した場合には、無期雇用フルタイム労働者が販売目標を達成した場合の半分を支給している。

⇒【著者コメント】業績・成果に応じた比例支給としているのでOK

〈問題とならない例②〉
・B社においては、無期雇用フルタイム労働者であるXは、パートタイム労働者であるYと同様の仕事に従事しているが、Xは生産効率や品質の目標値に対する責任を負っており、目標が未達の場合、処遇上のペナルティを課されている。一方、Yは、生産効率や品質の目標値の達成の責任を負っておらず、生産効率が低かったり、品質の目標値が未達の場合にも、処遇上のペナルティを課されていない。B社はXに対しYに比べ、ペナルティを課していることとのバランスに応じた高額の基本給を支給している。
⇒【著者コメント】リスクプレミアム手当に該当するのでOK

〈問題となる例〉
・基本給の一部について労働者の業績・成果に応じて支給しているC社において、無期雇用フルタイム労働者が販売目標を達成した場合に行っている支給を、パートタイム労働者であるXが無期雇用フルタイム労働者の販売目標に届かない場合には行っていない。
（注）基本給とは別に、「手当」として、労働者の業績・成果に応じた支

給を行おうとする場合も同様である。

⇒【著者コメント】パートタイム労働者に無期雇用フルタイム労働者と同様の販売目標をそのまま適用することは無理があるので NG

③基本給について、労働者の勤続年数に応じて支給しようとする場合

基本給について、労働者の勤続年数に応じて支給しようとする場合、無期雇用フルタイム労働者と同一の勤続年数である有期雇用労働者又はパートタイム労働者には、勤続年数に応じた部分につき、同一の支給をしなければならない。また、勤続年数に一定の違いがある場合においては、その相違に応じた支給をしなければならない。

〈問題とならない例〉
・基本給について労働者の勤続年数に応じて支給しているＡ社において、有期雇用労働者であるＸに対し、勤続年数について当初の雇用契約開始時から通算して勤続年数を評価した上で支給している。

〈問題となる例〉
・基本給について労働者の勤続年数に応じて支給しているＢ

社において、有期雇用労働者であるXに対し、勤続年数について当初の雇用契約開始時から通算せず、その時点の雇用契約の期間のみの評価により支給している。

⇒【著者コメント】有期雇用労働者の勤続年数は、当初の雇用契約開始時から通算しなければならない

④昇給について、勤続による職業能力の向上に応じて行おうとする場合

> 昇給について、勤続による職業能力の向上に応じて行おうとする場合、無期雇用フルタイム労働者と同様に勤続により職業能力が向上した有期雇用労働者又はパートタイム労働者に、勤続による職業能力の向上に応じた部分につき、同一の昇給を行わなければならない。また、勤続による職業能力の向上に一定の違いがある場合においては、その相違に応じた昇給を行わなければならない。

(注)　無期雇用フルタイム労働者と有期雇用労働者又はパートタイム労働者の間に基本給や各種手当といった賃金に差がある場合において、その要因として無期雇用フルタイム労働者と有期雇用労働者又はパートタイム労働者の賃金の決定基準・ルールの違いがあるときは、「無期雇用フルタイム労働者と有期雇用労働者又はパートタイム労働者は将来の役割期待が異なるため、賃金の決定基準・ルールが異なる」という主観的・抽象的説明では足りず、賃金の決定基準・ルールの違いについて、職務内容、職務内容・配置の変更範囲、その他の事情の客観的・具体的な実態に照らして不合理なものであってはならない。

　　また、無期雇用フルタイム労働者と定年後の継続雇用の有期雇用労

働者の間の賃金差については、実際に両者の間に職務内容、職務内容・配置の変更範囲、その他の事情の違いがある場合は、その違いに応じた賃金差は許容される。なお、定年後の継続雇用において、退職一時金及び企業年金・公的年金の支給、定年後の継続雇用における給与の減額に対応した公的給付がなされていることを勘案することが許容されるか否かについては、今後の法改正の検討過程を含め、検討を行う。

⇒【著者コメント】定年後再雇用時の退職一時金については、検討を行う旨が設けられているが、定年時の退職一時金については本ガイドラインでは触れられていない。前文で述べられているとおり、「労使によって決定されることが基本」であり、そのための話し合いをしていくことが望ましい

(2) 手当

①賞与について、会社の業績等への貢献に応じて支給しようとする場合

賞与について、会社の業績等への貢献に応じて支給しようとする場合、無期雇用フルタイム労働者と同一の貢献である有期雇用労働者又はパートタイム労働者には、貢献に応じた部分につき、同一の支給をしなければならない。また、貢献に一定の違いがある場合においては、その相違に応じた支給をしなければならない。

〈問題とならない例①〉
・賞与について、会社の業績等への貢献に応じた支給をしているＡ社において、無期雇用フルタイム労働者であるＸと同一の会社業績への貢献がある有期雇用労働者であるＹに対して、Ｘと同一の支給をしている。

〈問題とならない例②〉
・Ｂ社においては、無期雇用フルタイム労働者であるＸは、生産効率や品質の目標値に対する責任を負っており、目標が未達の場合、処遇上のペナルティを課されている。一方、無期雇用フルタイム労働者であるＹや、有期雇用労働者であるＺは、生産効率や品質の目標値の達成の責任を負っておらず、生産効率が低かったり、品質の目標値が未達の場合にも、処遇上のペナルティを課されていない。Ｂ社はＸに対して賞与を支給しているが、ＹやＺに対しては、ペナルティを課していないこととの見合いの範囲内で、支給していない。

〈問題となる例①〉
・賞与について、会社の業績等への貢献に応じた支給をしているＣ社において、無期雇用フルタイム労働者であるＸと同一の会社業績への貢献がある有期雇用労働者であるＹに対して、Ｘと同一の支給をしていない。

〈問題となる例②〉

・賞与について、Ｄ社においては、無期雇用フルタイム労働者には職務内容や貢献等にかかわらず全員に支給しているが、有期雇用労働者又はパートタイム労働者には支給していない。

⇒【著者コメント】「有期雇用労働者又はパートタイム労働者」という理由だけで賞与の支給をしないのはNG

②役職手当について、役職の内容、責任の範囲・程度に対して支給しようとする場合

> 役職手当について、役職の内容、責任の範囲・程度に対して支給しようとする場合、無期雇用フルタイム労働者と同一の役職・責任に就く有期雇用労働者又はパートタイム労働者には、同一の支給をしなければならない。また、役職の内容、責任に一定の違いがある場合においては、その相違に応じた支給をしなければならない。

〈問題とならない例①〉

・役職手当について役職の内容、責任の範囲・程度に対して支給しているＡ社において、無期雇用フルタイム労働者であるＸと同一の役職名（例：店長）で役職の内容・責任も

同一である役職に就く有期雇用労働者であるＹに、同一の役職手当を支給している。

〈問題とならない例②〉
・役職手当について役職の内容、責任の範囲・程度に対して支給しているＢ社において、無期雇用フルタイム労働者であるＸと同一の役職名（例：店長）で役職の内容・責任も同じ（例：営業時間中の店舗の適切な運営）である役職に就く有期雇用パートタイム労働者であるＹに、時間比例の役職手当（例えば、労働時間がフルタイム労働者の半分のパートタイム労働者には、フルタイム労働者の半分の役職手当）を支給している。

〈問題となる例〉
・役職手当について役職の内容、責任の範囲・程度に対して支給しているＣ社において、無期雇用フルタイム労働者であるＸと同一の役職名（例：店長）で役職の内容・責任も同一である役職に就く有期雇用労働者であるＹに、Ｘに比べて低額の役職手当を支給している。

③業務の危険度又は作業環境に応じて支給される特殊作業手当

無期雇用フルタイム労働者と同一の危険度又は作業環境の業務に当たる有期雇用労働者又はパートタイム労働者には同一の支給をしなければならない。

④交替制勤務など勤務形態に応じて支給される特殊勤務手当

無期雇用フルタイム労働者と同一の勤務形態で業務に当たる有期雇用労働者又はパートタイム労働者には同一の支給をしなければならない。

〈問題とならない例①〉
・A社においては、無期雇用フルタイム労働者・有期雇用労働者・パートタイム労働者の別を問わず、勤務曜日・時間を特定して勤務する労働者については、採用が難しい曜日（土日祝祭日）や時間帯（早朝・深夜）の時給を上乗せして支給するが、それ以外の労働者にはそのような上乗せ支給はしない。

〈問題とならない例②〉
・B社においては、無期雇用フルタイム労働者であるXは、

入社に当たり、交替制勤務に従事することは必ずしも確定しておらず、生産の都合等に応じて通常勤務に従事することもあれば、交替制勤務に従事することもあり、交替制勤務に従事した場合に限り特殊勤務手当が支給されている。パートタイム労働者であるYは、採用に当たり、交替制勤務に従事することが明確にされた上で入社し、無期雇用フルタイム労働者に支給される特殊勤務手当と同一の交替制勤務の負荷分が基本給に盛り込まれており、実際に通常勤務のみに従事するパートタイム労働者に比べ高い基本給が支給されている。Xには特殊勤務手当が支給されているが、Yには支給されていない。

⑤ **精皆勤手当**

> 無期雇用フルタイム労働者と業務内容が同一の有期雇用労働者又はパートタイム労働者には同一の支給をしなければならない。

〈問題とならない例〉
・A社においては、考課上、欠勤についてマイナス査定を行い、かつ、処遇反映を行っている無期雇用フルタイム労働者であるXには、一定の日数以上出勤した場合に精皆勤手当を支給するが、考課上、欠勤についてマイナス査定を

行っていない有期雇用労働者であるＹには、マイナス査定を行っていないこととの見合いの範囲内で、精皆勤手当を支給していない。

⑥時間外労働手当

無期雇用フルタイム労働者の所定労働時間を超えて同一の時間外労働を行った有期雇用労働者又はパートタイム労働者には、無期雇用フルタイム労働者の所定労働時間を超えた時間につき、同一の割増率等で支給をしなければならない。

⑦深夜・休日労働手当

無期雇用フルタイム労働者と同一の深夜・休日労働を行った有期雇用労働者又はパートタイム労働者には、同一の割増率等で支給をしなければならない。

〈問題とならない例〉
・Ａ社においては、無期雇用フルタイム労働者であるＸと同じ時間、深夜・休日労働を行ったパートタイム労働者であるＹに、同一の深夜・休日労働手当を支給している。

〈問題となる例〉
・B社においては、無期雇用フルタイム労働者であるXと同じ時間、深夜・休日労働を行ったパートタイム労働者であるYに、勤務時間が短いことから、深夜・休日労働手当の単価もフルタイム労働者より低くしている。

⇒【著者コメント】無期雇用フルタイム労働者の正社員の時間外・深夜・休日の割増率より、パートタイム労働者の割増率を低くするのはNG

⑧通勤手当・出張旅費

> 有期雇用労働者又はパートタイム労働者にも、無期雇用フルタイム労働者と同一の支給をしなければならない。

〈問題とならない例①〉
・A社においては、採用圏を限定していない無期雇用フルタイム労働者については、通勤手当は交通費実費の全額を支給している。他方、採用圏を近隣に限定しているパートタイム労働者であるXが、その後、本人の都合で圏外へ転居した場合には、圏内の公共交通機関の費用の限りにおいて、通勤手当の支給を行っている。

〈問題とならない例②〉
・B社においては、所定労働日数が多い（週4日以上）無期雇用フルタイム労働者、有期雇用労働者又はパートタイム労働者には、月額の定期代を支給するが、所定労働日数が少ない（週3日以下）又は出勤日数が変動する有期雇用労働者又はパートタイム労働者には日額の交通費を支給している。

⇒【著者コメント】「有期雇用労働者又はパートタイム労働者」には通勤手当を不支給と一律に定めるのはNG

⑨勤務時間内に食事時間が挟まれている労働者に対する食費の負担補助として支給する食事手当

有期雇用労働者又はパートタイム労働者にも、無期雇用フルタイム労働者と同一の支給をしなければならない。

〈問題とならない例〉
・A社においては、昼食時間帯を挟んで勤務している無期雇用フルタイム労働者であるXに支給している食事手当を、午後2時から5時までの勤務時間のパートタイム労働者であるYには支給していない。

〈問題となる例〉
・B社においては、無期雇用フルタイム労働者であるXには、高額の食事手当を支給し、有期雇用労働者であるYには低額の食事手当を支給している。
⇒【著者コメント】食事手当に差を付けるのは NG

⑩単身赴任手当

> 無期雇用フルタイム労働者と同一の支給要件を満たす有期雇用労働者又はパートタイム労働者には、同一の支給をしなければならない。

⑪特定の地域で働く労働者に対する補償として支給する地域手当

> 無期雇用フルタイム労働者と同一の地域で働く有期雇用労働者又はパートタイム労働者には、同一の支給をしなければならない。

〈問題とならない例〉
・A社においては、無期雇用フルタイム労働者であるXには全国一律の基本給体系である一方、転勤があることから、地域の物価等を勘案した地域手当を支給しているが、有期

雇用労働者であるYとパートタイム労働者であるZには、それぞれの地域で採用、それぞれの地域で基本給を設定しており、その中で地域の物価が基本給に盛り込まれているため、地域手当は支給していない。

〈問題となる例〉
・B社においては、無期雇用フルタイム労働者であるXと有期雇用労働者であるYはいずれも全国一律の基本給体系であり、かつ、いずれも転勤があるにもかかわらず、Yには地域手当を支給していない。
⇒【著者コメント】①「有期雇用労働者だから」という理由だけで地域手当不支給は NG
②住宅手当、家族手当も気になるところだが、本ガイドラインでは明記していない。これらも労使協議のうえ会社の考え方を整理しておくべきである

(3) 福利厚生

①福利厚生施設（食堂、休憩室、更衣室）

> 無期雇用フルタイム労働者と同一の事業場で働く有期雇用労働者又はパートタイム労働者には、同一の利用を認めなければならない。

②転勤者用社宅

> 無期雇用フルタイム労働者と同一の支給要件（転勤の有無、扶養家族の有無、住宅の賃貸、収入の額など）を満たす有期雇用労働者又はパートタイム労働者には、同一の利用を認めなければならない。

③慶弔休暇、健康診断に伴う勤務免除・有給保障

> 有期雇用労働者又はパートタイム労働者にも、無期雇用フルタイム労働者と同一の付与をしなければならない。

〈問題とならない例〉

・A社においては、慶弔休暇について、無期雇用フルタイム労働者であるXと同様の出勤日が設定されているパートタイム労働者であるYに対しては、無期雇用フルタイム労働者と同様に付与しているが、週2日の短日勤務のパートタイム労働者であるZに対しては、勤務日の振替での対応を基本としつつ、振替が困難な場合のみ慶弔休暇を付与している。

⇒【著者コメント】短日勤務のパートタイム労働者に、必ずしも慶弔休暇を与える必要はない

④病気休職

無期雇用パートタイム労働者には、無期雇用フルタイム労働者と同一の付与をしなければならない。また、有期雇用労働者にも、労働契約の残存期間を踏まえて、付与をしなければならない。

〈問題とならない例〉
・A社においては、契約期間が1年である有期雇用労働者であるXに対し、病気休職の期間は契約期間の終了日までとしている。

⑤法定外年休・休暇（慶弔休暇を除く）について、勤続期間に応じて認めている場合

法定外年休・休暇（慶弔休暇を除く）について、勤続期間に応じて認めている場合、無期雇用フルタイム労働者と同一の勤続期間である有期雇用労働者又はパートタイム労働者には、同一の付与をしなければならない。なお、有期労働契約を更新している場合には、当初の契約期間から通算した期間を勤続期間として算定することを要する。

〈問題とならない例〉
・A社においては、長期勤続者を対象とするリフレッシュ休暇について、業務に従事した時間全体を通じた貢献に対する報償の趣旨で付与していることから、無期雇用フルタイム労働者であるXに対し勤続10年で3日、20年で5日、30年で7日という休暇を付与しており、無期雇用パートタイム労働者であるYに対して、労働時間に比例した日数を付与している。

⇒【著者コメント】年次有給休暇の比例付与と同様の考え方で、無期雇用パートタイム労働者にも特別休暇（リフレッシュ休暇等）を付与すべきである

(4) その他

①教育訓練について、現在の職務に必要な技能・知識を習得するために実施しようとする場合

教育訓練について、現在の職務に必要な技能・知識を習得するために実施しようとする場合、無期雇用フルタイム労働者と同一の職務内容である有期雇用労働者又はパートタイム労働者には、同一の実施をしなければならない。また、職務の内容、責任に一定の違いがある場合においては、その相違に応じた実施をしなければならない。

②安全管理に関する措置・給付

> 無期雇用フルタイム労働者と同一の業務環境に置かれている有期雇用労働者又はパートタイム労働者には、同一の支給をしなければならない。

⇒【著者コメント】「有期雇用労働者又はパートタイム労働者にはヘルメットを支給しない」等の差をつけてはならない

３．派遣労働者

　派遣元事業者は、派遣先の労働者と職務内容、職務内容・配置の変更範囲、その他の事情が同一である派遣労働者に対し、その派遣先の労働者と同一の賃金の支給、福利厚生、教育訓練の実施をしなければならない。また、職務内容、職務内容・配置の変更範囲、その他の事情に一定の違いがある場合において、その相違に応じた賃金の支給、福利厚生、教育訓練の実施をしなければならない。

著者プロフィール

安中　繁（あんなか・しげる）
ドリームサポート社会保険労務士法人　代表　特定社会保険労務士

メーカー関連会社にて営業事務、会計事務所にて税務補助者として勤務したのち、2007年に安中社会保険労務士事務所を開設。2015年法人化に伴いドリームサポート社会保険労務士法人へ社名変更。専門は、「週4正社員制度」の導入支援。新しい働き方の選択肢を企業に広めているほか、人事法務コンサルタントとして経営者支援に当たる。「経営者と従業員がお互いに感謝の絆でつながっている会社は必ず発展する」をモットーに、数多くの企業の顧問社労士として職場づくり支援に当たっている。

週4正社員のススメ

2017年5月26日　第1版第1刷発行

著　者　　安　中　　繁
発行者　　平　　盛　之

発行所
㈱産労総合研究所
出版部 経営書院

〒112-0011　東京都文京区千石4-17-10
　　　　　　産労文京ビル
電話　03-5319-3620
振替　00180-0-11361

印刷・製本　中和印刷株式会社
乱丁・落丁本はお取り替えします。無断転載はご遠慮ください。
ISBN978-4-86326-241-6 C2034